1인 가구
부동산
소액투자

반값으로 황금알을 주워담는 경매, 재개발, 갭투자

1인 가구 부동산 소액투자

초판 1쇄 인쇄 2023년 5월 1일
초판 1쇄 발행 2023년 5월 8일

지은이 안규리

발행인 백유미 조영석

발행처 (주)라온아시아
주소 서울특별시 서초구 효령로 34길 4, 프린스효령빌딩 5F

등록 2016년 7월 5일 제 2016-000141호
전화 070-7600-8230 **팩스** 070-4754-2473

값 17,000원
ISBN 979-11-6958-055-7 (13320)

라온북은 독자 여러분의 소중한 원고를 기다리고 있습니다. (raonbook@raonasia.co.kr)

1인 가구 부동산 소액투자

반값으로 황금알을 주워 담는 경매, 재개발, 갭투자

안규리 지음

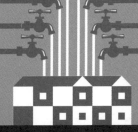

7천만 원으로 시작해 4년 만에 67억 자산을 일군 경매 재테크의 여신!

성공률 높이는 소액 경매,
재개발, 갭투자 노하우

평균 수익률
1,000%
파이프라인
소득을 갖추는
노후 대비법

RAON
BOOK

소액투자자들의 멘토, 누구나 따라할 수 있는 경매 재테크 전략을 알려드립니다

저자는 부동산경매와 초기 재개발 투자를 통해 7천만 원으로 시작하여 자산 67억의 최고의 성과를 만들어낸 부동산 전문 투자자이고 소액투자자들의 멘토이다. 저자는 적은 금액으로 경매와 초기 재개발 가능지역에 투자하여 1,000%의 수익률을 수없이 많이 만들어 냈다. 저자의 책은 자신이 투자한 실전사례를 기재함으로서 적은 금액으로도 부동산 투자가 가능하다는 것을 보여주고 있다. 노동수입으로 부자가 되기 어려운 현실 속에서 이 책은 경제적 자유를 꿈꾸는 1인 가구, 소액투자를 생각하는 사람들에게 부동산투자의 교과서가 될 것이다.

동국대 행정대학원 경·공매최고위 지도교수 임경민

이 책은 부동산 경매를 통해 1인가구들이 높은 수익을 추구할 수 있는 방법을 소개합니다. 작가는 자신의 실전 경매 사례와 노하우를 통해, 10배 수익률에 이르는 놀라운 성과를 이룬 이야기를 담아냈습니다. 이 책은 누구나 따라할 수 있는 전략과 작가의 지혜가 담긴 필독서입니다. 높은 수익을 추구하는 분들에게 꼭 필요한 비밀 노하우를 담은 책이며, 부동산 경매를 통해 더 많은 돈을 버는 방법을 찾고자 하는 분들에게 매우 유익합니다. 이 책을 통해 더욱 풍요로운 삶을 꿈꾸는 모든 분들께 강력히 추천합니다!

한양대 도시공학 박사 김환배

저자가 10년간 현장 경험을 통해 체득한 부동산 경매, 재개발 투자 노하우가 고스란히 담겨져 있는 책이다. 부동산 투자에 관심이 있는 분이라면 이 책이 그대의 목표에 한 발 한 발 다가설 수 있는 길잡이가 되어줄 것이다.

건국대 산업대학원 향장학 교수 이재남

온전히 나를 위한 삶.
경제적인 자유와 정서적인
독립이 가능한 삶의 성취

1인가구로 살던 중, 2019년 암 진단을 받고 경제적 자유를 위한 삶의 목표를 다시 세웠다. 내게는 삶을 바꾸기 위한 목표와 절실함이 있었다. 수술하기 한 달 전, 첫 낙찰을 시작으로 이후 그 해에만 연속해서 세 번 낙찰을 받았고, 인생의 새로운 도전과 성공을 경험하면서 상처도 아픔도 회복되어갔다. 미래에 대한 막연한 불안감에 1인가구로도 당당히 살기위해 돈 공부를 하던 중 빠르고 안전하게 돈을 벌 수 있는 방법을 찾았고, 그렇게 2015년부터 시작하게 된 것이 경매 공부였다.

인생의 가치를 어디에 두느냐에 따라 행복의 기준은 달라진다. 나의 가치는 원래 사람들에게 아름다움을 찾아주는 것이었고, 그에 관련된 직업을 선택한 지 23년 차가 되었다. 건국대학교 향장미용학 석사를 받았고, 동(同)대학 일반대학원 화장품 공학 박사를 공부했다. 그렇게 원하던 일을 선택했고, 직업에 대한 가치와 일하는 즐거움으로 주말이나 휴일도 잊은 채 살았다. 마지막에 웃을 수 있는 인생이 성공한 인생인 줄로만 알고 달려왔다. 얻은 것도 많았지만 놓쳐버린 것들도 그에 못지않았다. '적당히'를 모르는 사람처럼 쉼이란 건 생각조차 하지 못했던, 그런 삶이었다. 쉬어간다는 것이 사치라고 느껴질 정도였으니 일중독 상태였고, 삶의 균형들은 조화롭지 못했다.

그러던 중 삶을 쉬어가게 할 정도의 큰 고비가 여러 번 찾아왔고, 그것들을 넘어서야 했다. 23년 차 해왔던 일들을 할 수 없는 날이 올 거라고는 생각하지 못했다. 나름 안정적으로 해오던 일에 안주하지 않았고, 늘 최선의 방향을 찾아 준비해왔지만, 혼자서도 멋지게 인생을 누리려면 미래를 위한 실패 없는 재테크가 필요함을 깨달았다. 일을 못 하는 순간이 오더라도 생활을 할 수 있는 파이프라인을 만들어 놔야 했다.

건강이 좋지 않아 더 이상 하던 일을 예전처럼 못하게 되는 인생의 전환점에서, 내가 일하지 못하는 상황을 대비해 다른 수입원이 되어줄 경매 공부를 하지 못했다면 지금처럼 경제적인 여유를 갖고 나 자신을 이렇게 멋지게 지켜내지 못했을 것이다. 덕분에 이제는 누군가에게 의탁하는 삶이 아닌, 주도적인 내 삶으로 당당히 홀로 설 수 있게 되었다.

내가 재테크 방법으로 경매를 선택한 이유는 1인 가구로 살면서 부자가 되는 가장 안전하고 빠르며 확실한 방법이라고 생각했기 때문이다. 결혼을 하고 싶지 않으면 선택하지 않아도 되는 그런 삶. 하고 싶은 일을 하며, 가고 싶은 여행지들이 생기면 언제든 다닐 수 있는, 온전히 나를 위한 삶. 경제적인 자유와 정서적인 독립이 가능한 삶을 통해 혼자여도 멋지고 행복한 인생을 누릴 수 있다는 확신이 있었다. 그리고 경매를 통해 나는 미래에 대한 불안감을 지워냈으며, 심리적 안정이 주는 삶의 여유를 찾았다. 이왕 혼자라면 멋지게 누리자.

이 책은 1인 가구가 늘어난 지금 소액으로 할 수 있는 안전하고 빠른 재테크, 돈 공부 방법에 대해 실전 사례와 노하우를 모두 담았다. MZ세대들이 경제적 자유와 미래에 대한 막막함과 불안감을 떨치고 대비할 수 있는 방법으로 저자가 현장에서 얻은 부동산 경매와 소액으로 할 수 있는 초기재개발 투자를 통해 작은 부자가 될 수 있는 방법을 제시한다.

끊임없이 노력한다면 기회는 반드시 찾아온다. 책이 출간되기까지 많은 도움이 되어주신 출판사 관계자 분들과 응원해 준 가족들에게 고마운 마음을 전한다. 또 지치지 않게 삶의 이정표가 되어주신 멘토 임경민 교수님과 건국대학교 산업대학원 이재남 교수님, 수원시 재개발 협의회장 이창훈 님, 재건축 협의회장 이정재 님, ㈜종합건축사 담 오세영 부사장님, 한양대 도시공학 김환배 박사님께 감사한 마음을 전한다.

안규리

차 례

추 천 사 소액투자자들의 멘토, 누구나 따라할 수 있는
경매 재테크 전략을 알려드립니다 · 004

프롤로그 온전히 나를 위한 삶.
경제적인 자유와 정서적인 독립이 가능한 삶의 성취 · 006

1장
1인 가구의 소액 부동산 투자, 선택이 아니라 필수다!

🏠 운명처럼 경매에 빠져들었다 · 017

🏠 미용업 20년, 우리 아이 묻어 줄 마당 한 평 없었다 · 021

🏠 미혼인 나, 부모님의 노후는 누가 책임져야 할까? · 025

🏠 1인 가구 재테크, 내가 나를 지켜야 하는 이유 · 028

🏠 1인 가구, 혼자 사는 나에게 맞는 물건 · 032

🏠 미래를 위한 다양한 수익시스템 · 035

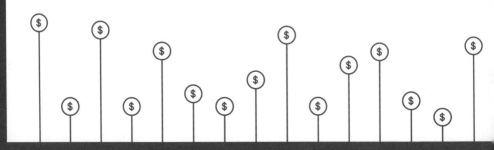

2장
소액투자, 하루면 돈 버는 방법이 보인다

🏠 부동산 투자에 관한 생각의 전환, 빚도 자산이다! • 045

🏠 자기자본이 없거나 적은 부동산 투자는 이렇게! • 056

🏠 소액투자, 이것만 알면 식은 죽 먹기 • 061

🏠 투자 전 반드시 알아야 할 체크 사항 • 067

🏠 내게 맞는 부동산은 뭘까? • 074

🏠 모르면 사기당하는 등기부등본 보는 법 • 077

🏠 부동산 투자 잘하는 방법 • 083

🏠 부동산 하락기에만 잠깐 왔다 사라질 기회들을 잡아라 • 088

3장
소액투자 ① 소형 빌라, 다세대, 아파트
: 재개발 중심으로

🏠 생애 첫 집, 300만 원에 마련하다! • 095

🏠 재개발사업이란 무엇인가? • 100

🏠 재개발 투자에 대한 오해와 편견 • 105

🏠 부동산 소액투자 재개발이 답이다 • 109

🏠 재개발 투자 전 반드시 알아야 할 것 • 113

🏠 쉽고 빠른 노후도, 호수밀도 확인 방법 • 117

🏠 신탁방식에 대한 재개발 전략 • 123

🏠 추진위원장으로의 새로운 도전!! • 128

4장
소액투자 ② : 성공률 높이는 소액 경매 노하우

🏠 수익률 2,500%, 아파트 낙찰 • 139

🏠 소액투자, 경매에 길이 있다 • 145

🏠 경매란 정확히 뭘까? • 151

🏠 빠르고 정확한 경매공부 하기 • 156

🏠 권리분석 10초면 끝난다 • 160

🏠 돈이 되는 부동산 경매 • 170

🏠 입찰 전 주의사항 • 174

🏠 입찰 가격 정하는 법 • 177

🏠 입찰 참여하기 • 181

🏠 경매 패찰 끝이 아니라 시작이다 • 185

🏠 명도 쉽게 끝내기 • 187

🏠 입찰 보고서를 작성하라 • 191

🏠 경매재테크 출구전략이 중요하다 • 195

5장
소액 경매 실전 성공 케이스

🏠 〈경매 실전 성공〉.1 투자 수익률 2,500%, 아파트 낙찰 • 201

🏠 〈경매 실전 성공〉.2 4억2,400만 원 낙찰, 4억8,000만 원 단기 매도 • 206

🏠 〈경매 실전 성공〉.3 3억890만 원 낙찰, 3억7,700만 원 단기 매도 • 213

🏠 〈경매 실전 성공〉.4 최초 감정 가격의 129%로 낙찰 • 219

🏠 〈경매 실전 성공〉.5 부모님과 살 집을 낙찰받았다 • 224

🏠 〈경매 실전 성공〉.6 지하층, 돈 되는 틈새 물건 • 229

6장
소액 갭투자 실전 성공 케이스

🏠 ① 2,000만 원 투자, 1,800% 수익 예상 • 237

🏠 ② 8,75만 원 투자, 800% 수익 예상 • 243

🏠 ③ 300만 원 투자, 2,700% 수익 예상 • 254

🏠 ④ 1,160만 원 투자, 690% 수익 예상 • 257

🏠 ⑤ 740만 원 투자, 540% 수익 예상 • 260

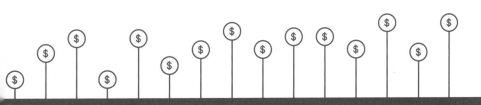

1장

1인 가구의
소액 부동산 투자,
선택이 아니라
필수대!

운명처럼
경매에 빠져들었다

사람들에게 아름다움을 찾아주는 전문 직업의 길로 들어선 지 23년째 된다. 원하던 일을 선택했고, 그래서 긴 시간을 버티고 지나올 수 있었다. 직업에 대한 가치와 일하는 즐거움으로 주말이나 휴일도 잊은 채 살았다. 하지만 그에 따른 금전적인 보상과 성취감이 있었기 때문에 한 번씩 느낄 수 있는 슬럼프도 극복이 되었다.

하지만 지금 생각해 보면 20대와 30대 예쁘고 좋았던 나이에 너무 치열하게 일만 하느라 그때 즐길 수 있는 것들을 즐기지 못했고, 돌아보면 얻은 것도 많았지만 놓쳐버린 것들도 그에 못지않았다. '적당히'를 모르는 사람처럼 쉼이란 건 생각조차 하지 못했던, 그런 삶이었다. 쉬어간다는 것이 사치라고 느껴질 정도였으니 일 중독 상태였던 것 같다.

좋아하는 것이 무엇이고 취미가 무엇이냐는 질문에 당연히 내가 지금 하는 일이라고 대답할 정도로 내 삶의 균형들은 조화롭지 못했다. 다시 돌아간다면 30대쯤, 그때 해볼 수 있었던 걸 자유롭게 도전해보고 싶다. 23년간 해왔던 일을 할 수 없는 날이 올지도 모른다는 생각은 한 적이 없었다.

그러나, 살다 보면 내가 지금 잘살고 있는 건지, 이렇게 살아가는 것이 맞는 건지, 어떻게 오늘을 살아내고 내일을 맞이해야 하는지 새삼 어려울 때가 있다. 다른 친구들처럼 생애 주기에 맞는 평범한 삶을 선택해야 했었던 것은 아니었는지….

늘 내가 걸어왔던 순간의 선택은 최선이었다고 생각했지만, 모든 것이 완벽할 것만 같았던 마흔이라는 나이가 훌쩍 넘어버렸고, 기억에 남아있는 추억 같은 건 떠오르지 않았다. 시간을 도둑맞은 것 같은 느낌이었고, 1년의 시간이 하루의 일상처럼 빠르게 지나버리는 날들이 다가왔다.

안정된 가정을 이루는 꿈보다는 나 자신의 성공이 먼저였을까? 이제 내가 뭘 좋아하는 사람인지, 뭘 해야 행복한 건지? 그저 잘살아보려고 악착같이 노력해왔던 내 삶은 잘 포장돼 보였지만, 정작 나 자신을 돌아볼 여유 하나 없었다. 남들의 시선과 평가가 중요했고, 잘해야 한다는 강박들로 긍정보다는 불안 요소가 많은 답답한 삶의 연속이자 번아웃이었다.

그래도 주저앉아 있지만은 않았다. 일을 하면서 공허감이 생길 때면 학업을 하면서 일에 대한 성과와 업적을 만들어냈고, 지나온 시간에 대해 나 스스로 검증을 받으려 노력했으며, 결과물을 만들어 스스로에 대한 보상이라 생각했다. 그렇게 일을 하면서 향장 미용학 석사를 졸업했고 화장품 공학 박사를 공부했다.

이 정도 되면 혼자 살아도 되지 않냐는 질문을 정말 많이 받는다. 주변에서 나를 볼 때 골드미스라는 평가를 할 정도의 나이가 되어 있었고, 자주 듣게 되는 그 표현에 기분이 좋아야 하는지는 모르겠지만, 왠지 씁쓸하고 슬프기도 하다.

현장에서 일만 하던 내가 할 수 있는 최선의 선택들이었다. 내가 하는 일이 보람은 있었지만, 나이가 들수록 혼자인 미래가 조금은 불안하게 느껴졌다. 당장 어려움은 없었지만, 이상이 높아질수록 경제적인 자유를 얻기에는 장벽이 높았고, 몸을 써서 해야 하는 일들에 지쳐갔다.

그러던 중, 10년 넘게 찾아주셨던 고객님 가운데 경매를 하는 분이 계셨다. 남편분과 토지를 낙찰받아 집을 지어 파는 일을 하셨는데, 그냥 그런 이야기를 전해 들으면서 경매에 대한 호기심과 막연히 배워두면 좋을 것 같다는 생각 하나로 아무런 정보도 없이 경매를 배울 수 있는 학원을 찾았다. 하지만 내가 생각하는 것들과는 너무 달랐고, 당장은 일과 병행해서 공부하는 데에도 어려움이 많아 경매를 공부하기 위해 책을 찾아 읽었다. 변호사가 쓴 책들은 유치권, 법정지상권 등 전문적인 부분이 많아서 나처럼 경매를 처음 접하는 사람에게는 그들이 사용하는 용어부터 조금 어려웠다.

실전 수익사례를 담았다고 하는 책들은 구체적인 수치가 없는, 말뿐인 책들이 많아 신뢰하기 어려웠다.

등기부등본상의 근거 제시나 매매자료 등 경매사건번호조차 없이 그저 그런 무용담으로 들렸고, 진실인지는 알 수 없었다. 그저 통계표를 가지고 자신의 말에 대한 근거를 제시하는 게 다였고, 지나간 것에 대한 통계분석이 대부분이었다. 정확한 건지 헷갈리고, '내가 할 수 있을까?' 싶은 걱정에 자신감이 오히려 떨어졌다. 정확한 걸 구별하기에는 한계가 있었다.

책만 가지고 하는 공부로는 가장 중요한 현장에서 얻을 수 있는 경험들을 배우는 것이 불가능했다. 그런 고민 속에서 지내다가, 어느 날 경매책 한 권을 접하고 그 저자의 특강을 들었다. 그렇게 도움을 얻을 수 있는 멘토를 만나게 되었고, 또 다른 일들로 가슴 뛰는 삶이 시작되었다. 그때부터 인연을 만나 운명이 바뀌는 삶이 시작되었다.

그렇게 인생의 2막에서 어려운 순간들을 버틸 수 있었고, 위기는 기회가 되었다. 지금은 계절을 느낄 수 있는 여유도 생겼다. 내 인생의 봄날이 다시 시작됐다.

미용업 20년,
우리 아이 묻어 줄 마당 한 평 없었다

내 삶의 다른 소중한 가치들을 돌아볼 만한 여유조차 없었다. 쉬는 것도 연습이 필요하다는 걸 절실하게 알게 되었다. 마지막에 웃을 수 있는 인생이 성공한 인생인 줄로만 알고 달려왔다. 웃는 걸 미루면 쌓이는 게 아니라 사라져 간다는 것을 깨달은 지금은 세상에 전부였던 우리 아기마저 더 이상 만질 수도 없는 먼 곳으로 떠나버렸다.

건강 문제로 큰 고비가 한 번 찾아오면서, 치유할 시간도 없이 2018년 5월 26일, 14년을 함께해 온 내 전부였던 아이가 무지개다리를 건너 가족의 품을 떠나갔다. 이유가 없었다. 병원에서도 그저 며칠 기운이 없었으니 다시 기운을 차릴 거라고 이야기했고, 그 말을 믿고 쉽게 생각을 했던 게 잘못이었다. 하루 입원시키면 다음날 집으로 갈 수 있을 거란 말 한마디에 생전 처음 떨어져 있던 날 밤이었다. 늘 일이 바쁘다는 핑계에도 그 조그만 아이는 그렇게 항상 곁에 있어 줄 거라 생각했다. 그날 밤 내가 지키고 있었더라면…. 동물병원의 과오도 입증하기도 어려운 상태로 경황없이, 그날 새벽, 아이는 돌아올 수 없는 곳으로 떠나버렸다.

그렇게 아이가 떠난 그날 밤, 얼마나 무서웠을지, 얼마나 나를 기다렸을지…. 이후로 그날 생각에 아직도 잠을 편히 잘 수 없고, 가슴에 묻어둔 채 벌써 5년이 지나가지만 내 시간은 그때, 그날에 아직도 멈추어 있는 것 같다. 그저 반려견의 호상 정도로 치부하는 사람들의 대화거리에 오르내리는 것조차 싫었다.

늘 함께일 줄 알았던 아이가 떠난 뒤 모든 것이 달라졌고, 헤어짐의 순간이 와야 비로소 알게 되는 삶과 현재, 시간의 소중함. 그 일을 겪은 뒤부터는 '다음에'라는 말은 하지 않게 되었다. 간절히 바라면 꿈에서라도 만날 수 있을지, 그 시간 속에 알아차리지 못하고 일만 했던 내가 너무 원망스럽다. 사진을 꺼내 볼 수도 없을 정도로 아직도 아프지만, 눈에 보이지 않아도 곁에 함께하고 있다고 생각한다.

힘들게 일하고 집에 오는 길, 엘리베이터를 타고 내려 현관 앞에 설 때마다 문을 열면 먼저 나와서 기다리고 있을 것만 같은 기억들. 언젠가 추억 속에서 떠나보낼 준비를 하며 방법을 찾고 있지만, 어떤 게 맞는 건지 모르겠고, 5년이 지난 지금, 이제는 보내줘야 한다는 주변 의견에도 맘 편히 보내주지 못하고 있다. 집앞 큰 공원에 1년에 한 번 내 나무심기라는 행사가 있어 단풍나무를 심었고, 우리 아기 좋은 곳으로 가라는 표식도 달았는데, 매일 나가서 지켜볼 수 없고 그 자리가 어찌 될지 모를 변수에 답을 찾지 못했다.

쉼 없이 일을 하면서도 난 무얼 위해 살아가는지 몰랐었고, 모든 것이 늘 그 자리에 머물러 있을 줄 알았다. 가끔 날 좋은 때 여유롭게 차를 마시는 것조차 아직은 아니라며 스스로 재촉했으며, '여유가 생기면 그때 해야지' 하면서 정작 중요한 걸 늘 미뤄왔다. 또 소중한 것들에 대한 작은 행복도 모르고 살았다. 어떤 방법이든 마음이 편치 않았고, 이럴 때면 내 집 마당 한 평 있었으면 얼마나 좋았을까 하는 간절한 마음이었다. 고민 속에서도 선택을 망설였던 이유는 오랫동안 거주할 곳에서 아이와 함께하고 싶었던 마음 때문이었고, 아이가 허망하게 떠난 뒤에는 가족과 함께할 수 있는 울타리가 필요하다는 절실함이 내 삶의 방향들을 돌려놓았다.

지금까지는 돈이라는 걸 벌면 적금 정도 들었고, 번 만큼 소비를 했으며, 집을 사야겠다는 생각은 막연히 꿈을 꿨을 뿐 삶의 큰 목표는 아니었다. 하지만 일단 집을 사야겠다는 생각이 마음에 자리 잡자 닥치는 대로 부동산에 관련된 책을 읽기 시작했고, 온/오프라인으로 부동산 강의를 섭렵해 듣기 시작하며 빠르게 돈을 벌수 있는 방법을 찾았다. 그 결과가 바로 부동산 경매였다.

2018년 11월 첫 입찰을 시작으로 2019년 3월 8일 생애 처음으로 아파트를 낙찰받았다. 지금의 여유 있는 삶을 살게 해준 첫 단추였다. 첫 입찰에서 낙찰을 받기까지, 5개월간 30번 이상 패찰을 하면서도 희망을 잃지 않았다. 내게는 삶을 바꾸기 위한 목표가 있었고 절실함이 있었다.

미혼인 나,
부모님의 노후는 누가 책임져야 할까?

　항상 나와 함께일 것 같았던 존재들이 내 주변에서 하나씩 사라지고 있었다. 인생은 짧고 소중한 사람과 함께할 시간은 그보다 더 짧기만 하다. 그에 대한 자각과 함께 누군가의 강요가 아닌, 스스로 맏딸의 무게와 책임감이라는 게 늘 머릿속에 있었다. 생애 처음 겪는 가족과의 이별 경험에 이제는 나이가 드신 부모님도 늘 그 자리에 계시지 않을지도 모른다는 두려움이 생겼고, 지금껏 내가 살아온 삶과는 다른 인생의 목표가 또렷하게 생겼다.

　사실 가장 가까운 부모님이 나이를 들어가신다는 사실을 받아들이기는 심경은 복잡했던 것 같다. 내가 나이 먹는 것만 생각하다 부모님의 시간을 생각하지 못했다. 시간을 붙잡을 수는 없으며, 나이가 들어감에 급속도로 체력이 약해지시고 있다는 게 이제는 눈에 보인다. 평생 자식들을 위해 애쓰시고, 모든 짐을 짊어지고 사섰던 슈퍼 히어로 같던 부모님의 쇠약해져가는 모습, 건강에 대한 위기감에 일단 그분들의 노후준비를 해야겠다고 생각했다.

은퇴한 부모가 자녀에게 해줄 수 있는 선물은 경제적 자립이라고들 하는데, 정작 자녀들 뒷바라지하느라 노후 준비를 하지 못한 부모님 세대도 적지 않은 게 현실이다. 부모님은 이미 거주 중인 자가가 있으셨지만, 노후에 풍족하게 쓰실만한 여유를 갖추신 건 아니었다. 자식들 뒷바라지를 하시느라 따로 준비를 더 하지 못하셨던 탓이 컸다. 따라서 우선 지금보다 더 나은 환경에서 식구들이 편안하고 행복하길 바랐다.

지금까지 부모님의 생활 반경 내에서 안정적인 노후를 보낼, 인프라를 갖춘 집이 필요했다. 이때 남동생의 결혼으로 세쌍둥이가 태어났고, 아버지는 뇌경색으로 은퇴를 하셔서 더 이상 경제활동이 불가능한 상태였다.

이때부터였다. 혼자이기에 일하고 버는 수익 모두를 또다시 배움에 투자하고 나를 위해 소비해 오던 도돌이표 같은 인생을 바꾸고 싶었던 게…. 그동안 일만 하며 소중한 것들을 돌아보지 못하고 지나온 시간들에 대한 후회와 함께, 가족을 지켜야겠다는 삶의 목표가 생겼다. 지금까지 해오던 매장 일을 조금씩 줄이고 경매 공부에 시간을 투자했다.

자꾸 도전하고 패찰하고…. 서른 번 정도 패찰을 했었다. 그렇게 기회는 쉽게 오지 않았다.

마음의 불안 요소들을 회복할 여력도 없이 또 한 번의 시련이 내게 찾아왔다. 2019년 2월, 암이라는 진단을 받았다. 워낙 긴 슬픔으로 지내왔기에 아무렇지 않았다. 몸도 마음도 지쳤는데, 그래 이런 나쁜 병이 생길 수도 있겠다 싶었다. 한 번도 나를 아끼고 돌아볼 여유도 없었으니, 어쩌면 당연한 결과였다.

진단을 받고 오히려 엉켜있던 생각들이 정리가 되었다. 무섭지도 않았고, 그냥 오늘 내가 사라진다 해도 아쉬움이 남을 무언가도 없을 것만 같았다. 남아있는 가족들에게 해주고 싶은 것이 많았고, 사랑하는 사람들, 특히 나에게 모든 것을 내어준 부모님과 함께할 수 있는 추억과 기억들을 많이 만들어 두고 싶은 목표가 생겼기 때문에 수술을 앞두고도 포기하지 않고 도전을 했다.

그렇게 수술하기 한 달 전, 2019년 3월, 용인의 아파트를 낙찰받았고, 병실에 누워서 치료를 받으면서도 새로운 희망들로 버텨나갈 수 있었다. 그 이후 그해에만 연속해서 낙찰을 세 번 받았고, 인생의 새로운 도전과 성공을 경험하면서 상처도 아픔도 회복되어갔다.

포기하지 않게 도와주신 멘토님의 도움으로 또 다른 희망과 꿈을 가지게 되었고, 가족들과 다시 웃을 수 있는 날들이 시작되었다.

1인 가구 재테크,
내가 나를 지켜야 하는 이유

대부분 사람들이 결혼할 때쯤에나 부동산에 관심을 갖는다. 결혼계획이 없는 1인 가구들의 대부분은 부동산이나 재테크 등에 큰 관심이 없다. 그런데 마흔의 나이를 훌쩍 넘긴 지금 시점에 주변을 둘러보면 3분의 1은 미혼이다. 그중 절반 이상은 결혼 계획이 아예 없었다.

그런데 1인 가구이기 때문에 전투적으로 살지 않아도 된다고 생각하는 사람들이 막상 질병이나 노화로 일을 할 수 없는 순간이 온다면, 그때는 어떨까? 여러 가지 이유로 일을 할 수 없는 순간이 올 때를 대비해 미리 준비해야 한다. 일을 못 하는 순간이 오더라도 생활을 할 수 있는 파이프라인 소득을 만들어 놔야 한다.

우리나라는 미혼인 사람들에게 별다른 지원이 없기에 경제적으로 독립되지 못하면 나이가 들수록 현실적으로 생활이 점점 더 어려워진다. 특별한 전문 직종이 아니고서는 매달 생활비를 지출하고 남는 돈을 모아 경제적 자유를 누리는 부자가 되기에는 어렵다. 1인 가구는 책임져야 할 가족이 없고 부담감이 없기에 근로소득으로 여행을 다니고 취미 활동을 하며 좋은 차를 사는 것들에 대한 고민을 하지 않는다. 아직은 큰 돈 들어갈 일들이 없다고 생각하기 때문이다.

그러나 혼자 사는 1인 가구일수록 미래를 위해 재테크에 목숨을 걸어야 한다. 삶에 특별한 계기가 없다면 전세나 월세를 벗어나기는 어렵다. 경제적인 어려움이 없어야 온전한 자유를 누리고 독립이 가능하다. 우리나라 인구 중 1인 가구의 수가 30%가 넘어간다고 한다. 혼자 사는 1인 가구의 3분의 1은 이삼십대 청년 가구로, 보통 경제적 기반이 열악해 높은 주거비 등으로 인한 어려움을 겪는다고 한다. 홀로서기를 준비하는 이들의 끝없는 고민들과 선택 속에 나 역시 다르지 않았고, 같은 공감대를 느낀다.

인생을 살면서 삶을 멈추게 할 정도의 큰 고비가 여러 번 찾아올 수 있고, 그것들을 넘어서야 할 때가 온다. 23년 차 해왔던 일들을 할 수 없는 날이 올 거라고 생각한 적이 없었다. 치열하게 일만 하다 뒤를 돌아보니 놓친 게 너무 많았다. 인생의 고비가 왔을 때 현실을 빨리 인정하고 또 다른 출구를 찾을 수 있었던 용기는 혹시 모를 미래에 대한 준비를 해왔기 때문이다.

나름 23년 차 안정적으로 해오던 일에 안주하지 않았고 늘 최선의 방향을 찾고 준비를 해왔다. 혼자서도 멋지게 인생을 누리려면 미래를 위한 실패 없는 재테크가 필요했다. 일을 하면서도 미래에 대한 투자와 공부를 해왔고, 그것이 경매였다.

경매를 공부하려면 임장(현장조사)을 다니고 데이터를 만들 시간적인 투자들도 해야 하며, 공부한 물건에 입찰하기로 결정이 되면 입찰기일에 법원에 가기 위한 시간도 할애해야 한다. 그렇게 시간을 들여 투자한 물건들이 패찰될 수도 있다. 하지만 또다시 도전하고 반복하다 보면 하루하루 경험치가 쌓이고 낙찰을 받는 순간들이 반드시 온다.

당장 눈에 보이는 수익이 생기는 게 아니다 보니 해오던 일들을 접어두고 경매 공부를 위해 더 많은 시간을 투자하는 것이 어려울 수 있다. 나 역시 서른 번쯤 넘는 패찰의 과정들을 반복하면서 '이건 내 길이 아닌가, 나와는 맞지 않는 건가?'라는 고민이 있었다. 눈앞의 현실은 수익을 낳고 있던 이전의 생업에 집중할 수밖에 없었고, 경매는 분명 미래에 대한 투자가치가 있을 거라고 생각되었지만, 적극적으로 집중하지 못한 때도 있었다. 현실과 잠시 타협하게 되었고, 그렇게 경매 공부를 시작한 지 3년만에 다시 입찰을 도전해 성공을 했다.

물론 쉽게 얻어진 건 아니었다. 나에게는 아픈 상황을 잊고 싶은 간절함이 있었기 때문에 정말 열심히 공부하고 도전했다. 나이 제한이 없이 평생 할 수 있는 일, 안정적인 수입을 얻을 수 있는 노후대책이 필요했다.

운도 따라야 하겠지만, 운 역시 그만큼 절실함과 간절함이 있고 준비가 되어야 가능하다는 걸 지금에야 깨닫는다. 그때 좀 더 적극적이었다면 더 많은 기회가 찾아왔을 텐데 싶은 후회는 있다.

건강이 좋지 않아 더 이상 하던 일을 예전처럼 열심히 하지 못하게 되는 인생의 전환점에서, 내가 일하지 못하는 상황을 대비해 다른 수입원이 되어줄 경매 공부를 하지 못했다면 지금처럼 경제적인 여유를 갖고 나 자신을 이렇게 멋지게 지켜내지 못했을 것이다.

누군가에게 의탁하는 삶이 아닌, 주도적인 내 삶으로 당당히 홀로 설 수 있게 되었고, 나 자신을 지킬 수 있게 되었다. 위기의 순간이 와도 혼자 모든 것들을 결정하고 마주할 용기가 생겼고 이제는 남과 다른 삶이 더 이상 불안하지 않다.

내가 재테크 방법으로 경매를 선택한 이유는 혼자인 내가 부자가 되는 가장 안전하고 빠른 확실한 방법이라고 생각했기 때문이었다. 결혼을 하고 싶지 않으면 선택하지 않아도 되는 그런 삶. 하고 싶은 일을 하며 가고 싶은 여행지들이 생기면 언제든 다닐 수 있는, 온전히 나를 위한 삶. 경제적인 자유와 정서적인 독립이 가능한 삶을 통해 혼자여도 멋지고 행복한 인생을 누릴 수 있다는 확신이 있었고, 미래에 대한 불안감들이 사라지고 심리적 안정이 주는 삶의 여유가 찾아왔다. 이왕 혼자라면 멋지게 누리자.

1인 가구,
혼자 사는 나에게 맞는 물건

개발구역(장기투자 또는 몸테크)

내가 1인 가구로 부동산 투자에 관심이 있다면 몸테크를 통해서 부동산 투자를 하는 것도 하나의 방법이다. 전세를 깔고 앉아있는 것보다 자산을 불리는 데 속도가 빠를 것이다.

2020년 1월 친한 동생에게서 한 통의 전화를 받았다. 자신이 가지고 있는 돈 5천만 원으로 부동산 재테크를 시작하고 싶다는 것이었다. 우선 전세보증금 5천만을 빼서 보증금 1천만 원에 월세 40만 원의 주거로 이사하고, 2020년 3월, 4천만 원으로 투자를 시작했다. 거주의무 없는, 2년 보유 후 처분하게 되면 비과세 혜택도 받을 수 있는 지역이었다. 2022년 4월에 매도했고, 투자금 4천만 원을 제외한 후 5천만 원을 벌었다. 생애 첫 부동산 투자로 자산이 2배가 됐다.

그리고 2022년 4월, 수중에 9천만 원을 갖고 이번에는 재개발이 될 만한 지역을 찾아 낡고 오래된 빌라 두 채를 매입했으며, 2023년 3월 현재, 매입했을 때보다 투자금의 50%가 넘게 올랐다. 2024년 5월 이후 매도한다면 투자금의 100%는 수익이 날것이다.

이렇게 시간을 두고 재투자를 계속하면 결혼 전까지 수익을 더 높게 올릴 수 있고, 10배의 수익도 볼 수 있다. 수중에 가지고 있는 돈이 적으면 동생처럼 전세를 빼서 월세로 갈아타고 남은 보증금으로 부동산을 사고팔아 재테크를 하는 것이 더 낫다. 직장생활을 하면서 1년에 수천만 원씩 벌 수 있는 재테크는 부동산 투자밖에는 없다. 몸테크를 두려워하면 안 된다. 혼자일 때 몸테크를 통해 자산을 불려 나가야 한다. 그때가 아니면 할 수 없다.

자영업을 하고 있다면 상가 투자
(15년 동안 월세 내며 자영업을 한 뒤의 깨달음)

상가 임대차 계약기간이 끝나게 되면 월세를 올려줘야 하는 상황이 발생할 수 있고, 협의가 되지 않는다면 나가야 하는 경우도 생길 수도 있다. 그렇게 되면 시설비 등 추가 발생한 비용 등에 대한 권리금을 받지 못하게 되어 손해를 볼 수도 있으니 쫓겨날 위험 없이 영업을 계속하려면 내 건물에서 안정적으로 하는 것이 나을 것이다. 그러자면 상가 경매 물건을 낙찰받는 것도 좋다.

지인이 전용면적 10평에 뷰티샵을 운영하는데, 보증금은 2천에 100만 원 정도였으며, 당시 인테리어비용이 2,500만 원 정도 들어갔다. 5년간 운영을 하면서 주인이 바뀌어 건물을 신축하게 돼서 이주해야 하는 상황이 벌어졌다, 인테리어 비용 2,500만 원을 받을 수 있는 상황이 아니어서 또 다른 곳으로 이주하여 공사를 다시 한 다음 오픈해야 하는 입장이었다. 남의 가게에서 수리해 가면서 월세를 내고 불안하게 사업하는 것보다는 내 상가에서 안정적으로 영업을 하기 위해서 상가건물을 알아봐주었다. 다행히 인천 청라지구에 전용 10평 정도의 1층 상가가 분양가 5억2천만 원이었는데, 여러 번 유찰되어서 감정가격의 반토막까지 빠진 것을 2억 초반에 낙찰받았다. 이자는 당시 3%라 월 60만 원 정도가 들어갔고, 대출을 뺀 총투자금은 2,700만 원이었다. 자신의 이름으로 4억이 넘는 생애 첫 상가를 낙찰을 통해 갖게 됐다.

명도를 한 이후 인테리어를 했고, 지금은 안정적으로 자신의 가게에서 뷰티샵을 운영을 하고 있다. 매달 들어가는 월세도 줄이고, 사업도 잘돼서 몇 개월 만에 1,500만 원을 모아 2022년 조그만 빌라 한 채를 갭투자로 매입했으며, 지금은 투자금의 2배가 넘는 3,000만 원이 올랐다. 상가경매를 통해 2억 원이 넘게 자산가치도 상승시켰고, 갭투자로 투자금의 2배가 넘는 재테크를 할 수 있는 상품은 부동산 밖에는 없다. 가지고 있는 자산이 적을수록 부동산에 관심을 가져야 한다. 부동산 뉴스를 보고 정보를 찾고, 온·오프 강의를 듣고 끊임없이 노력한다면 기회는 반드시 찾아온다. 내가 준비를 하고 있어야 찾아온 기회를 기회로 알고 잡을 수 있다.

미래를 위한
다양한 수익시스템

파이프라인 소득을 구축하라

집을 여러 채 매입하다 보니 전세를 좀 더 높게, 좀 더 빠르게 놓기 위해 기본적인 인테리어 공사를 할 일이 많아졌다. 지금까지 살면서 인테리어 공사를 의뢰해 본 건 오래전 부모님 집과 운영하던 매장의 상업시설 경험이 다였다. 처음에는 하고 싶은 기준도 없었고, 해야 할 요구도 하지 못한 채 시공자의 말 한마디에만 의지하며 선택의 기준이 없었다.

투자로 매입한 집들은 실거주 목적의 공사는 아니었지만, 노후된 빌라 등의 공사는 올 수리를 해야 하는 경우가 많았다. 처음 받은 견적서의 내용과 다르게 진행 중에 불가피하게 추가공사를 하게 되는 경우도 많아져 처음의 견적서와는 확연히 달라졌고, 아파트와 노후화된 빌라 등 공사의 범위가 달랐다. 또 공사기획 단계에서는 보이지 않던 누수와 결로현상, 단열, 수도

관들의 노후화로 인하여 발생하는 문제 등이 많이 생겼는데, 이것들은 기획 단계에는 알 수 없었으나, 인테리어 시공업자들은 이런 추가공사가 나올 것을 예측하고 있었던 듯하다. 하지만 처음부터 공사견적에 넣을 수는 없는 내용이었다. 이유는 일반적인 공사견적보다 금액이 추가될 것이 분명하여 클라이언트의 비용 부담이 가중될 것을 알고 있기에 보통은 경쟁력 있는 저렴한 견적으로 공사 수주부터 받으려고 하기 때문이다. 그런데 막상 공사를 진행하며 인테리어 업자들의 의도가 나오기 시작한다. 예를 들면, 보통은 난방관의 누수들이 발견되면 수리를 안 할 수가 없다. 늦게 고칠수록 2차 피해가 커지기에 빠른 공사를 요하는데, 때에 따라서는 집 전체의 바닥을 들어내고 난방관을 교체하는 상황도 발생한다.

만약 20평 빌라 난방관을 모두 교체하는 데 드는 비용이 보통 400만 원 든다면, 공사 진행 중에 인테리어 업자는 더 업을 시켜서 추가 공사견적을 넣는다. 이런 경우 조금 더 저렴하게 하고자 이미 진행 중인 업자를 배제하고 따로 업자를 붙이기는 서로 불편한 관계가 될 것 같아서 다소 비싸도 하던 업자에게 맡기게 된다. 때로는 아예 다른 견적조차 받아보지 않고 진행중인 업자의 견적만 믿고 맡기는 게 보통의 경우이다. 하지만 치마 사면 구두 사고 싶은 게 당연한 심리다. 또 공사가 진행됨에 따라 때로는 클라이언트의 기호에 의해 추가공사가 나오기도 한다.

이렇게 공사가 시작되면 업자와의 트러블은 갑인 소유주에게 피해가 더 올 수밖에 없다. 그러한 스트레스와 피로감으로 다시는 인테리어를 하고 싶지 않다는 분들도 많을 것이다.

나도 경매로 낙찰받은 아파트를 전세를 놓기 위해 컨택 없이 업체에 시공을 전부 맡겼으나, 고가의 금액 대비 결과물은 실망스러웠다. 수정하기 위해 사소한 하나하나 추가금이 늘어갔고(섀시, 창호, 도배, 장판, 주방, 화장실 타일, 주방 타일, 각종 수전, 페인트 색상, 전기 전등, 몰딩 등) 기본에서 조금만 선택이 달라져도 금액이 추가되었다.

자주 해봤던 사람에게는 별일 아닐 수도 있지만, 일반인들은 사실 평생에 자기 집 인테리어 해볼 일이 몇 번이나 있겠는가? 도배 샘플 책자 하나 주면서 각 방과 거실에 매치할 도배지를 고르라 하면 일반인들은 절대 고를 수 없다. 그 색이 그 색 같고, A5 용지만 한 책자를 봐서는 그 방 전체를 다 도배 했을 때의 느낌을 알 수 없기에 고르고 고르다 결국에는 가장 무난한 것들로 선택하게 된다. 내가 본 클라이언트의 90%는 그렇다. 도배 하나만 해도 이러니 얼마나 많은 선택이 기다리겠는가.

화장실 타일. 주방 타일. 베란다 타일. 벽과 바닥. 공사를 진행하다 보면 수정하고픈 사항들이 불가피하게 생긴다. 그때 잘 대처해주는 업자가 좋은 업자라 생각된다.

경매로 낙찰받은 연립주택은 비교적 견적이 저렴한 업체를 컨택해서 공사를 진행했으나, 저렴한 데는 저렴한 이유가 있었다. 내 일도 못 해 가면서 하나부터 열까지 공사에 신경 써야 했고, 현장에 없으면 결과물이 달랐다. 마음에 들지 않으나 돈은 돈대로, 시간은 시간대로 들어가는 경험을 여러 번 반복했다. 마땅히 하자는 아니지만 디테일이 많이 떨어져 이럴 거면 뭐하러 새로 공사를 했나 싶을 정도의 경우도 많았다.

똑같은 도배도 어떤 기술자가 했는지에 따라 결과물이 크게 다를 수 있다. 클라이언트인 내 입장에서는 그렇지만, 업자 입장에서는 원하는 도배지로 새로 했으면 됐지 않냐고 말하면 사실 딱히 반박도 어렵다. 공사를 계속 진행할수록 이럴 거면 내가 직접 진행을 해봐야겠다는 생각이 점차 들어 차곡차곡 준비에 들어갔다.

재개발의 노후한 빌라들은 대부분이 부분 수리 또는 전체 수리가 필요하며 도배, 바닥재 등은 부득이하게 직접 진행해야 할 때가 많다. 그때마다 눈여겨보던 기술자분들과 지속적으로 연락해왔고, 다른 현장의 일도 소개해주며 친분을 쌓아두었다. 지금의 현장 소장님도 그때 친분을 쌓은 목수이다.

이 부분(창호, 목수, 타일, 도배, 장판, 설비, 전기) 기술자분들과 친해진 뒤 우선 내가 매입한 집에 인테리어 시공을 직접 시연해보았다.

내 집을 시작으로 여러 번 같은 작업을 같은 작업자들과 반복하다 보니 이제는 코스트를 많이 내려서 시공이 가능해졌고, 낙찰받은 경기도 부천시 상가주택(부모님이 거주하실) 3층과, 내가 사용할 1층 연구실, 2층 20평대 두 세대, 3층 50평을 모두 내가 직접 인테리어하였다. 결과물이 예뻐서 동네에 지나가던 분들도 사진을 찍어가셨고, 구경하러 오시는 분들도 많았다.

23년 차 아티스트가 현장에서 필요한 동선으로 공간을 다시 구성하여 네일샵 또는 뷰티샵, 옷가게와 카페 등 상업시설을 오픈하는 매장의 시공을 여러 차례 진행하게 되었다.

인테리어 시공 과정 (상가 주택)   인테리어 시공 후 (상가 주택)

이렇게 시작하여 현재는 재테크로 주택을 매입하여 전세를 주기 위해 공사를 하게 되는 파트너들의 일들까지 내가 직접 진행하다 보니 현재 파트너들의 지인을 통한 소개들로 운영하고 있다. 또 주로 견적을 내가 직접 내기도 하고 현장 일은 실력 있는 목수 사장님이 현장소장으로 함께해주고 계신다.

이제는 노후한 빌라들의 출구전략을 위한 견적 방법과 치유 방법에 대한 노하우가 생겼고, 이번 2022년 태풍 힌남노의 영향으로 많은 비피해를 입었던 지역과 노후한 빌라에 생긴 문제들에도 여유 있게 대처하게 되었다. 더불어 자연스럽게 또 다른 부케가 생겨 리현인테리어라는 이름으로 다양한 수익시스템을 만들게 되었다.

2장

소액투자
하루면 돈 버는
방법이 보인다

부동산 투자에 관한 생각의 전환, 빚도 자산이다!

나의 자산 상태는 어떠한가?

자신의 자산 상태와 자본 운영 능력을 먼저 파악해야 한다. 투자할 수 있는 순자산 상태와 신용대출 및 담보대출로 만들 수 있는 추가 자본은 얼마나 되는지 파악해야 한다. 부채도 자산이다. 이를 활용할 수 있는 여러 가지 방안을 찾아 최대한의 레버리지로 부를 축적할 수 있는 투자구조에 대해 이해하고 공부해야 한다.

우선 주택 보유 여부와 거주유형이 전세인지 월세인지에 따라 대출의 범위가 달라질 수 있고, 투자의 범위와 접근성이 달라질 수 있다. 신용대출과 담보대출은 나이와 가족 구성원의 유무, 직장에서의 근속연수, 직업 및 연간소득, 신용 상태 등에 따라 달라질 수 있다. 또 자신의 자본 운영이 얼마나 가능한지를 파악해 투자지역과 투자 물건의 방향성을 정해야 한다. 정부 정책에 의한 LTV(주택담보대출), DTI(총부채상환비율)를 고려해 규제와 투자자금 상황에 맞는 자본 운영계획을 세운다.

　부자가 아닌 이상 자본은 한정되어 있고, 노동 수입만으로 재테크를 한다면 시간이 오래 걸리고 부자는 될 수 없다. 그리고 눈앞에 찾아온 부의 기회들을 놓치게 될 것이다. 그렇다면 레버리지를 최대한 일으켜서 그것으로 자산을 늘려나가야 하는 것이 첫 번째이다.

　2장의 "소액투자 하루면 돈 버는 방법이 보인다"라는 주제에 맞게 이 책은 소액으로 투자할 수 있는 부동산 중 규모가 작은 다세대주택, 연립주택 등에 직접 투자했던 실전 성공사례들로 이루어졌다. 초보자도 나와 같은 방법으로 경매를 한다면 적은 자본으로도 만족할 만한 수익률과 결과물을 만들 수 있다. 투자가치와 돈의 흐름을 경험치를 통해 깨닫기 위해서는 본인의 직접적인 투자 성공 사례들과 입찰 실패(시세조사를 제대로 했는지)를 통한 데이터가 쌓여야 얻어질 수 있다. 하지만 이 책을 통해서라면 위험 요소들을 배제하고 많은 경험치와 데이터를 통해 안전하게 투자하여 투자대비 수익률을 올리며, 리스크를 줄일 수 있는 노하우에 대해 공부할 수 있다. 부동산 시장의 가치는 길게 보면 언제나 우상향이었다. (※ 2003~2022년 10월까지 한국부동산원의 전국종합주택 매매 가격지수 참고)

　물론 중간에 하락하거나 보합상태도 있었으나, 장기적인 측면에서 보면 그래프는 우상향했다. 부자들은 하락하는 시점과 횡보를 하는 시점에 공격적으로 투자했고, 경기가 나아지는 시점에 매

2003~2022년 10월까지 한국부동산원의 전국종합주택 매매 가격지수

도해 많은 수익을 거두었다. 나 역시 시세보다 싸게 낙찰받은 물건 중 일부는 전고점에서 처분하여 현금을 확보했고, 지금도 그 돈으로 물건을 낙찰받고 있다. 나도 아직 팔지 못한 부동산도 있으나, 들어간 자금이 적고 일부는 월세를 받기에 대출에 대한 부담도 적다.

내가 소액으로 투자한 부동산도 시간의 경과에 따라 자산 가치는 증가하였고, 부채의 비율은 줄어드는 효과가 생길 수 있었다. 어떤 부동산(지역, 용도)에 투자하는지에 따라서 자산 구조가 시간이 흐를수록 더욱 건실해지는 결과물을 만들 수도 있다.

부동산 경매는 할인마켓이다

투자 대비 수익률이 높은 성공적인 투자를 하기 위해서는 (우선이 책을 통해 공부하여) 투자할 물건을 고르고, 선택하는 안목을 기르는 것이 필요하겠다.

총자산(=부채+자본)을 늘려 분산 투자를 함으로써 상승분만큼의 자본수익을 얻을 수 있는 전략이 필요하고, 이를 위한 방법으로는 부동산 경매, 공매, 재개발, 재건축 투자, 갭 투자, 수익형 부동산 투자 등 방식은 다양하다.

부동산 경매는 부동산 구매시장의 할인마켓과 같다. 지금과 같이 부동산 가격이 하락하는 시점에는 경매시장의 부동산 가격도 낮아지고 입찰자 수, 입찰가율도 낮아져 부동산 상승기 때 매입하지 못했던 상급지 물건도 20~40% 싸게 낙찰받을 수 있다. 공매시장도 마찬가지다.

다음으로 재개발과 재건축시장으로 도심공공주택복합사업, 공공직접시행의 정비사업, 공공재개발, 공공재건축과 서울시의 신속통합기획, 모아주택사업 등 재개발, 재건축사업에 투자해야 한다. 재건축은 규제를 푼다고는 하나 여전히 재건축초과이익환수제, 분양가 상한제 등으로 발목이 잡혀 있고, 무엇보다 입지가 좋은 지역은 투자금액으로 수억 원이 들어 소액으로는 접근이 불가능하다. 그러나 그에 비해 재개발은 초기 투자금이 상대적으로 매우 적다. 물론 재개발도 구역 지정이 되고 추진위승인, 조합설립인가를 마쳤다면 투자금이 많이 들겠으나, 재개발 초기라면 소액으로도 충분히 투자도 가능하고 수익률도 높일 수 있다.

내가 2020년 7월 투자했던 경기도 구리시 수택동의 초기 재개발 사업지는 투자금 대비 수익률이 10배가 넘는다. 2020년 7월 수택동의 다세대주택(대지 지분 10.71평, 전용면적 10.22평으로 대지 지분이 전용면적보다 넓다)의 매입가격은 1억 원으로, 전세보증금 8,000만 원을 빼고 투자한 금액은 2,000만 원이었다. 현재 실거래 되고 있는 면적이 비슷한 다세대주택의 실거래된 가격은 4억 5천 정도로, 예상처럼 4억 5천에 매도한다고 하면 취·등록세와 수리비 등을 뺀 양도 차액에서 양도세율을 계산한다고 해도 투자금 2,000만 원에 대비하면 수익률은 최소 10배는 넘을 것을 예상할 수 있다. 나는 구리시 수택동의 다세대주택을 매입하면서 초기 재개발사업지 투자와 갭투자를 동시에 했다. 초기 재개발사업지에 투자를 하기 위해서는 정비사업 입안대상구역요건에 맞는지를 확인해야 한다. 이 책에는 사업지를 찾는 방법에 대해서도 설명하였다.

또, 수익형 부동산에 투자하는 방법도 있다. 수익형 부동산이라고 하면 오피스텔을 떠올릴 수도 있으나, 오피스텔은 대부분 돈이 안 된다. 나는 수익형 부동산으로 위치가 좋고 유동인구가 많은 상가에 투자를 하는 게 낫다고 생각한다. 실제 인천 청라의 1층 상가는 분양가의 50%에서 낙찰되는 경우도 많았다. 그만큼 싸게 낙찰을 받았으니 주변 시세보다 임대료를 낮게 받으면 내 물건이 타 물건에 비해 가격경쟁력이 있어 임대도 빨리 나갈 수 있다. 이런 물건은 경기가 좋아질 때 수익률을 계산하여 매도를 통해 자본 수익을 얻으면 된다.

일반적으로 순자산으로만 부동산 시장에 진입하려는 투자자들은 그것이 안정적인 투자 방법이라고 생각할 수 있겠지만, 상대적 부를 이루기에는 시간이 많이 소요되고, 빠르게 성장할 기회를 놓치게 된다. 물론 개인의 성향에 따라 달라지겠지만 투자 대비 수익률이 높은 성공적인 투자를 하기 위해서는 관점을 달리하여 시장의 특징을 이해하고, 자산이라는 개념, 즉, 부채를 더 효과적으로 이용하며, 어떻게 효율적으로 운영해야 할지를 결정해야 한다.

800만 원으로 집 한 채 사는 마법

내가 구리시 수택동에 매입했던 다세대주택처럼 투자금을 최소화하고(전세금을 이용) 수익률을 극대화한 사례는 많다.

부채를 효과적으로 활용한 지인의 사례 중 한 가지를 예로 들어본다면, 37세 1인 가구, 전문직 미혼여성의 투자사례가 있다. 미용업 8년 차이며, 1인 숍을 운영 중이다. 1인 숍의 경우 수익의 대부분은 매장의 임대료와 재료비 대출금 등의 비용들을 감당하고 나면 따로 큰돈을 모으기가 쉽지 않을 수 있다. 더구나 당시는 신도시의 높은 임대료, 예상치 못한 코로나19로 더욱 힘들었던 때였다.

나도 23년 차가 되도록 같은 일을 해오면서 여러 가지 위기를 넘겨왔지만, 이번 코로나는 자영업자들에게 장기적인 고통을 주었기에 또 다른 수익실현을 할 수 있는 무언가가 절실했을 것이다. 나 또한 경험했던 일이기에 깊은 공감이 되었다. 부동산 투자에 대한 관심은 있지만, 막연한 희망만 품은 이들과 많은 소통을 했고, 상담을 통해 그들에게 맞는 투자 방법을 공유해 도움이 되고 싶었다. 이번 사례자의 자산 상태는 통장에 있는 잔고 1,500만 원이 가용할 수 있는 소액의 순자산이었고, 무주택 상태로 근무지 근처 빌라에 전세로 거주 중이었다. 전세금 1억1천만 원에 전세자금대출 9천만 원, 월 29만 원의 이자를 납부하고 있는 상태였고, 전세금 대출을 상환한다면 금융권 대출은 가능했다. 우선 대출을 받기 위해 근처 오피스텔을 알아보고 월세로 이사를 했다. 신도시에는 신축 오피스텔이 많았고, 500에 35만 원 정도의 원룸으로 이사할 수 있었다.

이렇게 전셋집을 정리하고 전세대출 상환 후 총 3천500만 원의 자기자본으로 시작할 수 있는 물건을 찾아보던 중, 2021년 하반기쯤 수원시 장안구 조원동 759-27번지, 대지 지분 10.4평, 전용면적 19.7평의 필로티 구조의 다세대주택을 1억5,500만 원에 매입해주었다. 매매 가격 대비 지분과 전용면적이 넓어서 좋았고, 외관과 내부 컨디션도 좋은 편이었다. 매매 가격의 80%인 1억2,400만 원을 대출받았고, 잔금 3,100만 원에 취득세와 중개수수료를 포함(300만 원)하여 초기 자기자본은 3,400만 원이 투자되었다.

이 물건은 인근 전세가를 기준으로 1억5천에 맞출 수 있었고, 전세금으로 대출을 상환하여 투자금을 회수하였다. 이 물건은 매입 가격 1억5,500만 원에 취득세와 중개수수료 300만 원을 포함하여 1억5,800만 원이었으며, 사례자는 전세보증금 1억 5,000만 원을 공제하고 최종 자기자본 800만 원으로 생애 첫 집주인이 되었다.

수원시 장안구 조원동에 매입한 이 물건은 조원동 741번지 재개발추진위가 출범하여 개소식을 마치고 재개발 추진을 진행 중

이다. 구역 내에 매물은 거의 없으며 대지 지분 9평, 전용면적 18
평의 현 시세는 2억3,000만 원으로 올랐다. 2년 뒤 2억3,000만 원
에 처분한다고 하면 매도차액은 7,500만 원(2억3,000만 원-1억5,500만
원)이고, 취득세와 중개수수료 300만 원, 기본공제 250만 원 등을
공제한 6,950만 원이 순차액이 된다. 여기에 2년 뒤 양도소득세율
(일반세율 24%)을 곱하고 누진공제금액을 뺀(6,950만 원×0.24%=1,668만
원-누진공제 522만 원) 1,146만 원이 양도소득금액이 된다.

6,950만 원에서 양도소득세 1,146만 원을 뺀 5,804만 원이 순
수익으로, 투자금 800만 원의 725%가 수익이 된다. 재개발이 진
행된다면 수익 금액은 더 커질 수 있다.

오피스텔 월세보다는 차익형 부동산 수익

나에게 상담을 요청하는 사람들 중 일부는 수익형 부동산이라
고 하는 오피스텔에 투자를 문의한다. 오피스텔의 경우 연수익률
이 5% 정도로, 1억을 투자하는 경우 연 500만 원의 수익이 발생하
지만, 생각을 전환하여 1억을 차익형 부동산에 분산투자하면 더
큰 이익을 거두게 된다. 따라서 오피스텔을 매입하여 월세 수입을
얻는 것보다 차익형 부동산의 수익이 월등히 높다는 것은 사례들
을 통해 수익률을 비교해보면 알 수 있다.

2021년 상반기에 상담을 통해 첫 주택을 8,500만 원에 매입했
던 동생의 경우는 수원시 장안구 파장동 ○○○-○번지 대지 지

분 7.8평 전용면적 10평의 다세대주택을 전세 7,500만 원에 승계하는 조건으로 매입했다. 투자자금으로 전세금 7,500만 원을 뺀 1,000만 원과 취득세, 중개수수료를 포함 1,130만 원을 초기에 투자하였다. 2022년 2월 전세 만기가 도래하고, 현재 9,500에 전세를 놓아 2천만 원을 더 회수하여 초기투자금 1,130만 원의 회수 이외에도 870만 원이 플러스피가 생실 수 있었다. 현 매매시세는 1억8천만 원으로, 매입 시점보다 1억 원 정도 가격이 상승했고, 매입 2년이 되는 시점에 1세대1주택으로 거주하지 않아서 일반세율로 처분한다고 했을 때도 차액은 약 1억 원에 양도소득세율 35%, 누진공제 1,490만 원(1억×0.35%-1490만 원)을 뺀 2,010만 원이 양도소득세가 된다. 차액 1억에서 양도소득세 2,010만 원을 뺀 7,990만 원이 순수익 된다. 초기투자금 1,130만 원 대비 수익률은 707%가 된다. 그런데 위 물건은 신규전세를 놓아 투자금 1,130만 원보다 많은 2,000만 원을 회수하였기에(플러스피투자) 투자금 대비 수익률은 계산이 안 될 만큼 높다.

경매 투자도 마찬가지다. 예를 들어, 무주택자가 경매를 통해 감정가 1억5천만 원의 물건을 1억500만 원에 낙찰을 받는 경우, 낙찰가의 70~80% 대출이 가능하여 7,300~8,400까지 대출이 가능하고, 자기자본은 20~30%(2,100~3,200만 원) 투자가 되어도 소유권 이전 뒤 명도 후에 전세를 놓는 경우 전세가액이 시세의 70%라면 1억500만 원 정도에 전세를 놓으면 무피투자의 구조도 가능할 수 있다.

또 대출이 있는 경우 전세가 안 들어올 거라고 생각하겠지만, 임대차계약 시 계약금과 잔금을 임차인이 직접 임차부동산의 근저당을 변제하는 조건으로 계약을 체결한다면 문제가 없다. 2년 뒤 전세 만기 시 임차인이 계약 갱신청구권을 행사한다고 하면 보증금의 5%를 증액할 수 있고, 임차인이 나간다고 하면 주변시세에 맞춰 임대를 놓아 보증금 증액을 더 받을 수도 있다. 그 전세차익만큼이 자본수익이 될 수 있다.

보통 자기자본만으로 부동산을 구입하는 경우는 많지 않다. 대출을 무서워하는 경우가 있는데 담보대출을 통하여 자기자본이 적더라도 부동산을 매입할 수 있는 방법은 많다. 대출을 받아 소유권을 이전하고 전세를 놓아 대출을 변제하면 된다. 사실 대출이자를 감당해야 하는 기간은 소유권 이전 후 전세를 놓는 기간, 길어야 4~5개월 정도 되기에 대출이자에 대한 부담과 위험 요소는 거의 없다.

끝으로 당부할 것은, 단순하게 지역에 상관없이 투자금액 갭이 적은 물건만 보고 투자하기보다, 투자할만한 지역인지를 먼저 따져봐야 한다는 점이다. 각 지자체의 도시기본계획이나 정부 정책 등 다양한 정보를 수집하고 분석한 후 판단하여 투자해야 한다. 이 책은 여러분이 어떠한 부분을 공부해야 하고, 어떤 정보가 필요한지 길잡이가 되어줄 것이다. 이 책을 반복해서 읽고 생각해 본다면, 위의 경우와 같은 사례를 통해서 여러분도 천만 원대의 소액투자로도 충분히 돈을 벌 수 있는 성공적인 투자를 할 수 있고, 안전하게 돈을 벌 수 있는 쉬운 방법들이 보일 것이다.

자기자본이 없거나
적은 부동산 투자는 이렇게!

종잣돈 없는 2030의 부동산 투자방법

자기자본이 없는 경우에는 신용대출이나 담보대출 시 부동산 정책에 의한 LTV(주택담보대출), DTI(총부채상환비율)를 고려해 각각 1금융권과 2금융권에서 대출이 얼마나 가능한지를 확인하고 저마다 이자율도 확인을 해봐야 한다. 이자율보다 주택을 매입하였을 때의 가격상승 요율이 높은 지역의 물건을 추천한다. 실 생활비를 빼고 이자를 납부할 능력이 얼마나 되는지를 체크해 보는 것이 중요하며, 자본 운영이 얼마나 가능한지 파악해서 투자지역과 투자물건의 방향성을 정해 실전 계획을 세워본다.

자기자본이 적은 경우에는 투자할 수 있는 자본금의 규모에 따라서 선택지를 달리 정해볼 수 있다. 예를 들어, 2~3천 정도의 금액이 있다면 추가로 유용할 수 있는 대출과 최대한의 레버리지를 파악해 본다. 적은 투자금액으로는 재건축 투자는 어려울 수 있다.

재개발 투자를 생각한다면 재개발의 사업 단계별로 투자금액의 차이가 날 수 있다. 나는 출구전략도 생각한다면 투자 대비 수익률을 거둘 수 있는 극초기 재개발을 추진하는 사업지의 투자를 권유하고 싶다.

　나에게 상담을 요청하는 대부분의 그룹은 2030 사회 초년생이거나 3040 1인 가구가 대부분이다. 이제는 직장에서 1982년생, 만 40세부터 희망퇴직을 받는다고 한다. 근로소득, 노동수입만으로는 절약과 저축을 한다고 해도 불안한 미래를 준비하기는 어렵고, 경제적 자유를 얻기는 힘들다는 걸 깨닫고 있지만, 걱정만 할 뿐, 간절함과 달리 지금보다 나은 삶을 위해 무엇을 시작해야 할지 방법을 모른다.

　보통의 목표는 부동산 투자를 통한 부의 축적 또는 자가 주택을 마련하기 위함이 대부분이지만, 청약을 통해 주택을 구입하려다 포기한 사람들에게는 위와 같은 극초기 재개발 투자방법이나 경매를 통한 주택 구입, 또는 개발이 될만 한 재건축 아파트의 상담도 해주고 있다. 실제 이런 투자들로 하급지에서 중급지로, 중급지에서 상급지로 자산을 늘려 가신 분들이 있다. 투자를 원하는 분들의 자산 규모에 맞게 상담을 해 드리고 있지만, 요즘 말하는 벼락거지가 됐다는 자괴감, 혹은 투자할 여윳돈이 없고 능력이 없어 '나는 안 되겠지'라는 비관적인 생각들은 버려야 한다.

　1주택이 있거나 다주택자이지만 자기자본이 적은 경우에도 소액투자를 하는 방법은 같다. 노후 준비가 안 된 경우가 많으므로 적은 자본을 가지고 투자할 수 있는 곳을 찾아야 한다. 보통은 투자 가능 지역들을 섭외하여 취득세가 중과되지 않는, 공시가격 1억 이하의 물건들을 추천한다. 이런 지역이 대개는 극초기 재개발 사업지들이다. 극초기 사업지는 리스크가 크지만, 초기 투자금액이 적게 들어가고 초기에 진입만 한다면 1~2년의 단기간에 투자금 대비 수익률이 10배 이상 나는 부동산 물건이 많다. 1주택자가 추가로 주택을 구입하는 경우에는 종부세 등을 걱정하는 경우가 있으나, 다음과 같이 종부세가 과세되지 않도록 매입 계획을 세우면 된다.

종부세 부과는 1가구 1주택자인 경우에는 공시가격 12억 원까지가 면제, 1주택자가 자신의 명의로 주택을 추가 매수하는 경우는 공시가격 9억까지만 면제이며, 그 이상 금액에 대해서는 종부세를 납부하기 때문에 이를 가족 명의로 분산하여 투자하면된다. 종부세는 인별 과세로 1가구 1주택자 외의 다른 세대원이 주택을 매입하는 경우 1가구 2주택이기는 하나 세대원도 9억까지는 종부세 면제가 되어 결국 18억까지 종부세 부과가 되지 않는 효과를 얻게 된다. 4인 가족인 경우 각각 공시가격의 합 9억 원 이하로 주택을 매입한다면 총 36억까지 면제되는 효과를 얻을 수 있다.

2021년 11월 하반기에 투자 목적으로 첫 주택을 매입하게 된 28세의 평범한 직장인 여성은 6개월 만에 투자한 부동산이 플러스피가 되어 1,000만 원의 차익이 발생했다. 직장생활 6년 차의 20 대 젊은 나이에도 부동산을 배우고 싶어 하는 열정이 가득했던 부린이였다. 열심히 발품을 팔아서 여러 곳을 답사했다. 노후도가 부합되다 보면 빌라의 외관이나 내부 컨디션이 좋지 않은 집들이 대부분이다. 하지만 그중에 기본적인 새시와 화장실 정도만 수리되어 있어도 전세를 놓기 나쁘지 않다. 매물마다 컨디션이 달랐기에 추후 본인이 거주할 수도 있다는 생각에 좀 더 나은 물건을 찾기 위해서 시간을 투자했었다.

신중히 고른 끝에 현재 재개발 동의서를 징구(徵求) 중인 인천 계양구 임학동에 비교적 큰 평수의 빌라를 매입하게 되었다. 임학역과 주변 인프라 등 입지가 좋았고 노후도, 호수밀도가 부합하여 미래 가치가 상승할 만한 지역이었다. 매매가는 1억3천만 원이었고, 필로티 구조의 외관과 거주 환경이 나쁘지 않았다. 지분 8.16평, 전용 18평으로, 방3개, 화장실 2개였고, 내부 컨디션도 좋아서 도배, 장판 정도를 다시 하면 공시가격 대비 전세도 매입가격 정도로 놓을 수 있는 훌륭한 매물이었다. 주인이 거주 중이었고 이사 날짜를 협의하여 계약을 진행하였다. 계약금을 치르고 3개월 후, 대출 9천만 원(이자 연 4%, 360만 원, 월 이자 30만 원)과 자기 자본금 4천만 원으로 잔금을 처리하고, 소유권을 이전했다. 기본 도배, 장판후 보증금 3천만 원에 월 40만 원 월세로 임대계약을 하였다. 보증금 3천만 원을 받은 이유는 임차인 입장에서 혹시 자신이 거주하는 주택이 경매가 진행되는 경우라도 2021년 소액임차 보증금 기준일자가 2021년도 5월 11일 기준으로 총 보증금 1억3천만 원 이하, 4,300만 원이 소액임차 보증금에 해당하기 때문에 자신의 보증금 3천만 원을 전액 배당받을 수 있어 안전하게 생각하기 때문이었다. 따라서 대출금 9천만 원에 대한 이자는 월 차임 40만 원으로 납부할 수 있었다.

결과론적으로 매수인은 해당 부동산을 총 매매가 1억3천만 원 중 대출금액 9천만 원과 월세 보증금 3천만 원을 뺀 순수한 자기자본 천만 원으로 매입을 하였고, 월차임으로 대출이자를 충당하고도 월 10만 원씩 고정수익이 발생하였다. 이후 6개월 뒤 임차인의 개인 사정으로 퇴거를 하게 되어 공시가격 대비 전세를 1억 4,000만 원에 맞춰서 계약을 하였고, 플러스피 투자가 되었다. 1가구이기 때문에 실제로 매매할 때에는 비과세로 적용받을 수 있어 수익이 더 높을 것이다. 그녀는 부동산 투자로 수년 내에 자산을 축적해 30대 초반쯤에는 본인이 원하는 주거 형태에 입주할 계획을 가지고 있다.

기회를 잡은 사람과 그렇지 못한 사람들의 차이는 결정적인 순간의 용기일 것이다. 지금 이 순간이 용기를 내어 도전하는 첫 시작점이 되어줄 것이다.

소액투자,
이것만 알면 식은 죽 먹기

개발사업이 확정된 주변 지역을 노려라

관리처분이 인가된 인근지역을 노려봐도 투자 대비 수익률을 기대해볼 수 있다. 재개발, 재건축 지역의 인근은 견인 효과로 인해 매매 가격과 임대가격 상승효과를 기대할 수 있다. 서울시가 추진하고 있는 개발사업으로는 신속통합기획, 모아주택사업이 있고, 도시 및 주거환경정비법의 재개발, 재건축, 그리고 역세권 개발 사업이 있다.

역세권 개발 사업은 지하철역 반경 300m 내에 노후주택을 개발하는 사업으로, 역세권 도시정비형 재개발로 불리며 기반시설 부담이 적은 역세권 개발이 가능하도록 하여 도시환경을 개선하고자 도입한 제도이다. 용적률 인센티브는 최대 500%까지 적용받아 늘어난 인센티브의 50%는 공공임대나 임대주택으로 환수하되 고밀개발을 통해 사업성도 확보하고 철도역과 주변 지역을 동시에 정비하는 사업이다. 용적률을 높게 적용받으며, 권리산정 기준일로부터 자유롭고, 기본적으로 입지가 탁월하다.

신속통합기획은 민간 주도 개발을 공공이 지원해 복잡한 정비사업 추진 절차를 간소화하고, 사업절차 각 단계에서 인센티브를 부여하는 제도이다. 정비구역 지정까지 일반적으로 5년 이상 걸리지만 신속통합기획을 통해 2년으로 단축이 가능하다. 투자하고 싶은 관심지역이 없다면 이런 지역의 인근지역에 소액으로 투자할 수 있는 다세대나 연립주택을 공략해야 한다. 지난해 연말 서울시가 신속통합기획 적용 재개발 후보지 21개소를 발표한 데 이어 2차 공모 후보지 25곳을 발표해서 총 46곳이 되었다.

위의 지역들은 권리산정기준일 고시 토지거래 허가구역 지정으로 건축허가 제한이 되었고, 미선정구역과 선정구역 사이에 구분 없이 지분 쪼개기, 신축빌라 난립 등의 문제를 예방하기 위한 조치로 권리산정기준일 다음날까지 소유권 확보가 되지 않은 주택은 입주권이 없고, '현금청산 대상'이 되니 다세대 신축건물을 거래할 때 각별한 주의가 필요하다.

인근지역 투자의 대표적인 사례로는 신속통합기획1차 후보지 상도14구역과 신속통합기회2차 후보지 상도15구역이다.

상도14구역은 2021년 12월 28일 신소통합기획1차 후보지로 선정됐고, 1년 뒤 2022년 12월 30일 신속통합기획2차로 상도15구역이 선정됐다. 상도14구역이 1차 후보지로 선정될 당시에도 상도15구역은 주민들이 재개발을 추진하고 있던 곳이었다. 이렇듯

구분	(가칭) 동작 상도14구역
위치도	
현황	• 구역면적: 50,142m²(2종(7층)) • 토지등소유자: 780명 • 입지: 신대방삼거리역(7호선) 인접

| 상도 15구역 |

구분	상도15구역(동작구 상도동 270 일대)
위치도	
현황	• 구역면적: 126,218m² • 용도지역: 제1종, 2종(7층)

| 신속통합기획 상도14구역, 상도15구역 |

구분	신속통합기획 상도14구역, 상도15구역
위치도	

재개발 후보지로 지정된 곳의 노후불량건축물의 비율, 과소필지 비율, 접도율, 호수밀도 등 재개발요건에 부합하는 곳을 찾아 미리 투자한다면 초기에 적은 금액으로 투자할 수 있고, 높은 수익률도 기대할 수 있다.

다음은 양천구 신월동의 공공재개발사업과 신속통합기획 1차 후보지로 상도 14구역, 15구역과 마찬가지로 인근지역 투자 사례이다. 신월7동 2구역은 2021년 1월 15일 공공재개발 1차 후보지로 선정됐고, 2021년 12월 28일 양천구 신월7동 1구역이 신속통합기획1차로 선정됐다. 신월7동 2구역이 공공재개발 1차 후보지로 선정될 당시에도 신월7동 1구역은 주민들이 재개발을 추진하고 있던 곳이었다. 1년 늦게 후보지로 선정됐지만, 그 사이 매매 가격은 20% 이상 상승했다. 이렇듯 상도동과 신월동만 보더

| 양천구 신월7동 2구역 |

구분	(가칭) 신월7동 2구역
위치도	
현황	• 규모: 90,346m²(1종주거~2종주거(7층)) • 입지: 온수도시자연공원 인접 • 예상세대수: 총 2,219세대

| 양천구 신월7동 1구역 |

구분	(가칭) 양천 신월7동 1구역
위치도	
현황	• 구역면적: 115,699m²(1종~3층) • 토지등소유자: 2,112 • 입지: 서서울 호수공원 인접

| 신월7동-2 공공재개발1차, 신속통합기획1차 신월7동 1구역 |

구분	(가칭) 신월7동 1구역
위치도	

라도 재개발 인근지역 투자에 가격상승 메리트가 있다는 것을 알 수 있다.

투자 전 반드시
알아야 할 체크 사항

무엇을 살펴봐야 하나?

투자 전 자산 상태에 따른 지역별 투자 방향을 정하고 위치를 선정한다. 그리고 그곳의 교통, 학군 등 주변의 개발 사항을 확인해야 한다. 다세대 등에 소액으로 투자할 시 위의 조건에 부합되는 지역을 선택하고 향후 재개발 추진을 위한 정비계획 입안대상 요건들(주택의 노후도, 접도율, 과소필지 비율, 호수밀도)이 가능한지도 따져봐야 한다. 여러 가지 경우의 수를 고려해 미래가치에 투자를 하는 것이다.

소액투자를 할 때는 투자 대비 수익률을 높이기 위해서는 투자 대상 물건의 대지 지분과 전용면적 대비 다른 유사 물건과의 비교를 해야 한다. 물건들의 수리 정도(부수적인 보일러, 섀시, 눈에 보이지 않는 배관의 문제는 없는지, 옥상 방수, 누수 등등) 건물의 관리상태, 기존의 임대차 계약상태(전세금이 높은지 낮은지)를 확인하고, 낮다면 계약기간이 끝나고 난 뒤 다시 다른 전세를 계약할 시 변경될 전세 가격도 체크해야 한다. 임대차 종료 시 투자금을 얼마나 회수할 수 있는지 따져봐야 하기 때문이다. 또 공시가격 대비 전세가율 계산, LH, 중기청 등으로부터의 대출가능 범위를 확인해 보자.

어디에서, 어떻게 확인해볼까?

적합한 매물의 리스트를 정해 국토부에서 내가 사고자 하는 인근의 비슷한 물건지의 대지 지분, 전용면적을 기준으로 평당 가격을 확인해보고 매입을 결정하고 아래와 같이 조사를 한다.

'수원시 조원동 ○○○-○○번지' 물건을 예를 들어 설명해 보겠다.
1) 국토교통부 실거래가 공개시스템(https://rt.molit.go.kr/)을 통해 인근지역의 다세대 물건과 비교한다.

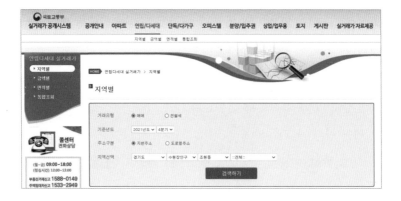

- 국토교통부 실거래가 공개시스템에 기준연도와 분기를 선택하고 지역을 선택해서 검색한다.

단지	전용면적	계약일	10월			11월			12월			전산공부
	대지면적		거래금액 (층) (해제사유 발생일)	거래유형 (중개사 소재지)		계약일	거래금액 (층) (해제사유 발생일)	거래유형 (중개사 소재지)	계약일	거래금액 (층) (해제사유 발생일)	거래유형 (중개사 소재지)	
(456-100)(456-100)	51.03 31.606	28	15,800 (3)	-								
	61.46 38.065								5	20,500 (5)	중개거래 (경기 수원팔달구)	

- 인근 단지의 대지 지분당 3.3m² 가격과 전용면적 3.3m² 가격을 비교한다.

2) 카카오맵을 통해 내가 사고자 하는 다세대주택의 도로 현황 (도로 폭)을 확인한다.

• 도로 조건을 찾아보기 위해서 카카오맵에서 주소검색을 한다.

• 찾는 물건의 위치를 확인하고, 오른쪽 거리재기 버튼을 클릭한다.

• 마우스 오른쪽 버튼으로 찾는 물건지 앞의 도로 폭을 체크한다. 매입 부동산이 접한 도로 폭에 따라서도 가격 차이가 나기 때문이다. 대개는 6미터 정도의 폭에 접해있어야 자체적인 재건축을 하더라도 건물의 연면적이 크게 줄지 않는다. 또 공시가격도 4미터, 6미터, 8미터 이상에 따라 차이가 크게 난

다. 특히 재개발 사업지 같은 경우에는 감정평가 금액이 달라
진다.

• 이 물건은 6m 도로에 접해있다.

3) 공동주택 공시가격 알아보기

• '부동산 공시가격 알리미'에서 공동주택가격이 1억 원 이하
물건인지 확인, 공시가격 알리미 조회 서비스를 검색한다.

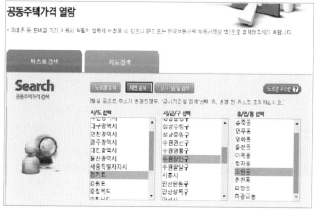

• 해당 지번을 검색한다.

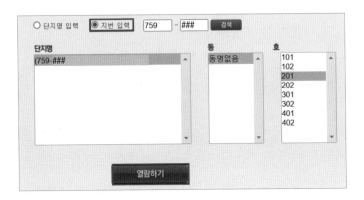

• 해당 단지명을 확인 후 동, 호수를 선택한다.

공시기준	단지명	동명	호명	전용면적(㎡)	공동주택가격(원)
2021.1.1	###	동명없음	201 산정기초자료	36.07	68,700,000

• 전용면적 확인 후 해당 물건에 대한 공동주택 가격을 확인한
다. 해당 물건의 공시가격은 2021년 1월 기준 68,700,000만
원이다. 조원동 ○○○-○○번지 2층 다세대주택의 대지 지
분은 8.17평, 전용면적은 10.91평으로 2021년 7월 매입가
격은 8,500만 원이며, 대지 지분 3.3㎡당 단가는 1,040만 원
이고, 인근 ○○○-○○번지 4층 다세대주택의 대지 지분은
8.79평, 전용면적은 13.23평으로 2021년도 10월 실거래 가
격은 2억2,500만 원이다. 대지지분 3.3㎡당 단가는 2,130만
원으로, ○○○-○○번지 다세대주택이 대지 지분당 가격이

절반 이하라는 것을 알 수 있다.

- 둘의 차이는 건축 연도에 있으며, 재개발이 진행될 때는 권리 가액을 산정할 때 건축물의 가격보다는 대지 지분이 중요하다. 따라서 재개발 사업지에서는 구축을 사는 것이 더 이익이다.

- 매입한 물건을 전세로 임대할 시 전세 가격 산정은 다음과 같은 공식을 사용하면 된다. 아래 공식은 LH나 GH, 또는 중소기업청에서 저소득층이나 차상위 계층에게 전세자금을 대출해 주는 최대폭이다.

- 보통 공시가격×150% 정도로 위 그림의 공동주택 가격을 계산해보면, '6,840만 원×150%=1억260만 원' 범위 내에서 전세자금 대출이 가능하다.

- 부동산 경매나 일반투자도 마찬가지로 위와 같은 내용을 조사해 보고, 특히 노후된 빌라를 매입할 때는 기본적인 노후도, 호수밀도 등이 수년 내에 재개발 구역 지정 요건에 부합하는지 다시 한 번 확인한다. 또 하나의 구역을 정해서 그 안의 다른 전용면적이나 대지 지분, 도로 조건을 살펴서 조건이 다른 것들과 비교한 후 대지 지분 기준 3.3m²(1평)당 단가를 계산하여 주변시세보다 저렴한 물건을 매입한다.

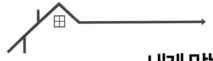

내게 맞는
부동산은 뭘까?

대부분 어떤 부동산을 사야 할지 고민이 많다. 지금처럼 금리가 높은 상황에서 자칫 잘못된 판단으로 부동산을 구입했다가 낭패를 보지 않을까 싶은 걱정도 들 것이다. 과거 부동산 하락기에 주저하다 부동산을 구입하지 못해 부동산 상승기에 후회했던 경험들이 공존하며 이러지도 저러지도 못하고 있을 수도 있다.

부동산을 비롯한 모든 투자가 그렇지 않을까 싶다. 투자의 판단은 온전히 자기의 몫이고 그 결과도 자기의 몫이다. 그렇다면 나에게 맞는 가장 최선의 투자를 고민해야 한다.

부동산 투자를 연령, 결혼 유무, 자녀 유무에 따라 나누는 것은 의미가 없다. 내가 가지고 있는 돈의 크기가 중요하다. 가지고 있는 자산이 적다면 수익형 부동산을 절대 사지 말아야 한다. 수익형 부동산보다는 자본 차익형 부동산에 집중하여 투자하고, 일정 규모 이상의 자산을 축적한 후에야 수익형 부동산을 찾아야 한다.

현금 1억이 있는 사람이 연 5%의 수익형 부동산에 투자해 봐야 연 500만 원의 수익이 전부다. 이 돈으로는 현실적으로 부자가 될 수 없다. "너는 어떻게 투자할 건데?"라고 내게 묻는다면 경매를 통해 연립주택이나 다세대주택을 매입하라고 권유하고 싶다.

부동산의 위치에 따라 다르겠지만 연립주택이나 다세대주택은 시세대비 20~30%까지 낮은 금액으로 매입이 가능하다. 낮은 금액에 낙찰을 받아 전세를 놓고 투자금을 전액 회수할 수 있는 무피투자나, 투자금보다 전세보증금을 더 받는 플러스피 투자가 가능한 곳이 경매시장이기 때문이다. 물론 이런 물건을 찾기 위해서는 3품(손품, 눈품, 발품)을 열심히 팔아야 한다. 내가 실전 사례편에 낙찰받았던 물건을 보면 무피투자와 플러스피 투자가 여럿 있다. 무피투자 했던 물건은 시세보다 낮게 처분하겠다고 생각하면 시장에서 충분히 거래될 수 있다. 플러스피 투자는 이미 투자금보다 전세보증금을 더 받았기에 전세를 놓는 순간 수익은 이미 발생하게 된다. 이런 차익형부동산에 투자한다면 적은 돈으로도 충분히 부자가 될 수 있다. 또한 지금처럼 여기저기서 재개발을 추진하는 곳이 많은 상황 속에서 내가 경매로 매입한 물건에 재개발이 추진된다거나 하면 개발 기대감으로 가격은 짧은 시간 더 상승할 것이다.

내 경험으로 비춰 낡고 오래된 주거지역, 특히 재개발구역 지정요건을 갖춘 지역의 연립주택이나 다세대주택은 투자금 대비 수익률이 높게는 10배가 넘는 물건들도 많았다. 2천만 원을 투자해서 2억 원을 넘게 번 물건도 있다. 일반인이 '이런 물건을 어떻게 찾아?'라고 반문하겠지만 의외로 어렵지 않다. 각 지자체별로 2030도시 및 주거환경정비기본계획이 있고, 그 안에 재개발지정 가능지역 또는 재개발지정후보지역 등 이름을 달리하여 개발계획이 잡혀 있으며, 이미 모두 공고를 했다. 당신이 이런 공고를 찾아보거나 깊이 있게 알아보려고 하지 않았기 때문에 모르는 것뿐이다. 조금만 관심을 갖는다면 모든 정보는 공개되어 있고, 이 정보를 누가 효과적으로 이용하느냐의 문제다. 경매를 통해 시세보다 낮은 금액으로 낙찰받아 투자수익을 내는 방법도 있고, 재개발을 염두하고 낡고 오래된 주거지역에 투자하는 방법도 있다. 경매와 재개발까지 공부한다면 두 배의 시너지가 생긴다. 경매와 재개발 투자를 잘하고 싶다면 경매는 민사집행법 중 경매와 관련된 사항을, 재개발은 도시 및 주거환경정비법 이하 시행령, 시행규칙, 지자체 조례를 공부하면 된다. 이렇게 얘기하면 '이 많은 것을 어떻게 하지? 어디서부터 접근해야 하지?'라고 걱정하겠지만, 겁낼 것없다.

경매는 권리분석과 시세 조사를 똑바로 하면 입찰, 명도, 집수리, 매매(임대)는 등 떠밀려서라도 하게 된다. 재개발은 국가법령정보센터에서 각 지자체의 재개발구역지정요건(노후불량건축물의 비율, 노후연면적의 비율, 호수밀도, 과소필지비율, 접도율)을 찾아보면 된다. 여기에 한 가지 더해서 정비사업의 임대주택 및 주택 규모별 건설 비율을 알면 투자를 할지 말지를 결정할 수 있다. 부동산으로 돈을 벌고 싶다면 경매와 재개발 투자는 반드시 해야 한다.

모르면 사기당하는
등기부등본 보는 법

표제부, 갑구, 을구?

부동산 거래의 첫걸음은 등기부등본을 확인하는 절차이다. 등기부등본은 누구나 한 번씩 들어봤을 것이다. 특히 전세 계약 때 등기부등본만 꼼꼼히 확인해도 전세 사기의 위험이 줄어들 수 있다.

등기부등본이란 부동산에 관한 권리관계 및 현황이 기재되어 있는 공적장부이다. 쉽게 말하면 해당 부동산의 과거부터 현재까지를 알 수 있는 부동산 이력서라고 할 수 있다. 등기부등본은 표제부/갑구/을구로 구성되어 있다.

그러면 어디서, 어떻게 등기부등본을 확인해야 할까?

1) 대법원 인터넷 등기소를 검색한 후

| 대법원 인터넷등기소 | ▼ | 🔍 |

2) '열람하기' 또는 '발급하기'를 클릭한다.

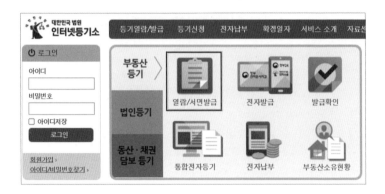

▶ 열람수수료: 700원

▶ 발급수수료: 1,000원

3) 해당 물건을 검색한다.

① 부동산 구분 : 아파트, 오피스텔 등은 집합건물을 선택한다.

② 시/도 : 해당 부동산이 있는 지역을 선택한다.

③ 주소 : 아파트 이름과 동/호수를 검색한다.

4) 수수료 결제 후 '열람하기' 또는 '발급하기'를 선택한다.

5) 표제부: 부동산에 관한 소재지, 현황 등을 파악하자.

[집합건물] 인천광역시 부평구 ... 호				
【 표 제 부 】 (1동의 건물의 표시)				
표시번호	접 수	소재지번,건물명칭 및 번호	건 물 내 역	등기원인 및 기타사항

① 등기사항 기재 순서

② 해당 부동산이 등기 접수된 날(건물의 연식 파악 가능)

③ 표제부 상단에 기재된 주소와 관심 부동산 주소가 일치하는
   지 확인한다.

④ 집의 구조(층수, 면적 등)를 확인한다.

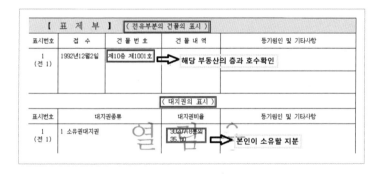

6) 갑구 : 소유권과 권리관계에 관한 사항

【 갑　　구 】（ 소유권에 관한 사항 ）				
순위번호	등 기 목 적	접　수	등 기 원 인	권리자 및 기타사항
1 (전 2)	소유권이전	1992년12월9일	1991년6월21일 매매	소유자

① 등기한 순서

  • 가장 아래가 현재의 소유자이다

② 등기의 내용 또는 종류 (ex : 소유권 보존, 소유권 이전 등)

③ 등기신청서를 접수한 날짜

④ 매도인과 매수인 사이 계약을 성사시킨 날짜 & 등기의 원인

⑤ 소유자 이름, 주민등록번호, 주소

  • 집 소유자와 현재 집주인이 일치하는지 여부 확인

❖ 갑구에서 꼭 확인해야 할 사항은

• 법적 다툼 유무 : 가등기, 가처분, 가압류, 압류, 경매 등

• 단, 위의 내용이 있었지만, 빨간색으로 삭제가 되었다면 현재
  는 해결이 되었음을 의미한다.

7) 을구 : 소유권 이외의 권리사항

【 을　　구 】（ 소유권 이외의 권리에 관한 사항 ）				
순위번호	등 기 목 적	접　수	등 기 원 인	권리자 및 기타사항

① 기재된 순위번호에 의하여 권리간 우선순위가 결정되므로 매우 중요한 항목이다.

② 등기내용 (ex : 근저당권 설정, 전세권 설정, 지역권 설정 등)

③ 부동산의 권리자 및 기타 권리사항 표시

  • 근저당권 설정 = 집주인이 금융기관에서 주택담보로 돈을 빌림 → 권리자 및 기타사항란에 채권최고액, 채무자, 근저당권자 등이 기재됨

  • 채권최고액은 보통 빌린 금액의 110%~130% 정도로 설정됨 (ex: 실제 채권액은 1억 원이지만 채권최고액은 1억 2,000만 원으로 표기됨)

8) 전월세 임차인이라면 을구에 특히 주목해야 한다.

/ 예시 /

은행(1순위)이 제일 먼저 집주인한테 **2억 원을 대출**해줬고,
이후에 세입자(2순위) **전세금은 2억 원**인 상황
집주인이 대출을 갚지 못해 아파트가 경매에 넘어감.
시중 거래가 4억 5000만 원인 아파트가
3억 6,000만 원에 낙찰됨

**이때 세입자는 2억 원의 전세보증금을
전부 돌려받을 수 있을까?**

낙찰된 금액: **360000000** ↗ **세입자(2순위)가 받을 수 있는 돈**
○○은행(1순위): **−200000000** : 결국, 세입자는 약 4,000만 원의
───────────── 전세 보증금을 받지 못함
160000000

**계약 전, 등기부등본을 확인하는 것이
매우 중요한 이유 !!!**

- 큰돈이 오가는 부동산 거래에서 등기부등본을 직접 확인하는 것은 선택이 아닌 필수이다. 언제든지 근저당, 가압류 등이 설정될 수 있으므로 계약 전, 중도금 전, 잔금 전에 등기부등본이 당일 발급된 일자인지 꼭 확인해야 한다.

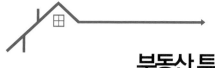

부동산 투자
잘하는 방법

사회 초년생을 비롯해서 많은 직장인들이 재테크라는 전쟁터에서 당장의 행복과 미래의 부에 대한 가치 사이에서 갈등하고 있다.

미래를 예측하는 가장 훌륭한 방법은 내가 직접 미래를 만드는 것이다. 2018년 내가 투자를 시작할 그때부터 줄기차게 들어왔던 이야기는 지금은 위험하다는 걱정이었다. 어떠한 일에 대한 두려움과 위험을 느끼는 것은 정보의 부재에서 온다는 것을 경험했기에 정보를 수집하고 공부해서 최대한 리스크를 줄일 수 있는 투자 방법들을 연구했다. 부동산 경매와 재개발사업에 대해 공부했고, 정보 수집을 위해 부동산 기사와 정부 정책들, 각 지역의 개발행위를 하기 위해 사전 고시되는 서울시보, 경기도보와 지자체 공고 등을 찾아보고 현장 조사를 통해 두려움과 위험 요소들을 하나씩 제거해나갔다.

부동산 투자를 생각하고 이를 실현하려면 잘 모르는 주변 사람들의 훈수에 갇히지 말아야 한다. 부동산 매수시장에서는 정부의 정책이 중요하다.

물론 누구도 미래를 예측하기는 어렵다. 하지만 같은 정책을 바라보면서도 관련 전문가들의 판단 또한 각기 달랐다. 나의 기준이 명확하다면 나와 다른 생각을 가지고 있는 이들에게 흔들리지 말아야 한다.

경매는 싸게 사는 게 목적이기 때문에 충분히 리스크 관리가 되고, 가격 상승기에는 더 높은 수익을 창출할 수 있다. 경매를 통해 시세의 20~30%로 낮게 낙찰받은 후 전세를 놓아 투자금을 전액을 회수하는 무피투자, 낙찰 가격보다 전세금을 더 받는 플러스피 투자가 가능하기 때문이다. 이런 물건은 경매시장에 생각보다 많다. 또한 개발행위가 될 만한 지역에 투자를 하게 되면 소액으로도 원금의 10~20배 수익이 가능한 것이 부동산이다.

부정적으로 생각하고 판단하는 빈자의 마인드가 아닌, 낙관적인 부자의 마인드로, 부자들의 생각과 그릇을 가져야 한다. 같은 부동산 정책을 바라보면서도 생각하는 바가 각기 다르기에 투자를 결정할 때는 당시의 상황만 보지 말고 미래의 가치에 주목해야 한다.

투자하는 것보다 투자하지 않는 게 더 위험하다는 말이 있다. 부자가 되는 출발점은 돈의 크기가 아니라 생각의 크기에 달렸다. 그 생각들을 버리지 않으면 계속 지금처럼 끝없는 고민과 불안 속에 살게 될지도 모른다. 대부분의 사람들은 시작을 하지 않고 어떠한 때를 기다린다. 투자를 해야 한다는 것은 알고 있지만 모든 조건이 완벽해질 때까지 기다리는 것이다.

같은 돈을 가지고 누구는 집주인이 되는 길을 선택하고 누군가는 임차인이 되는 길을 선택한다. 피나는 공부와 손품, 발품을 팔아 정보력으로 적게는 몇백만 원의 투자금으로도 돈을 벌 기회를 만들 수 있다는 걸 생각하지 못한다. 아직 기회는 충분하고 적은 투자금으로 접근할 수 있는 곳은 생각보다 많다고 이야기해주고 싶다.

부동산 투자를 잘하기 위해서는 자금력, 실력, 실행, 운 네 가지를 갖춰야 하는데, 이 중에 가장 우선시 돼야 할 것이 무엇일까?

최근 부동산 투자를 하면서 깨달았던 것은 운이 40%, 실행력 30%, 실력 25%, 자금력은 5%로 자금력의 비중이 가장 낮았다는 것이다. 이 수치는 공부를 하고 실전경험을 통해 깨닫게 되는 경험치였다. 자금력이 5%라니, 돈이 가장 중요하지 무슨 말이냐고 반문하겠지만, 자금력이 충분해도 실행하지 못해 눈앞에서 기회를 놓친 경우를 많이 봐왔다. 기회는 반드시 준비된 사람에게 찾아온다고 한다. 그러기에 하루라도 더 빨리 준비하고 시작해야 한다.

빚을 지는 것을 두려워하지 말자. 다른 사람의 돈을 레버리지 하는 것이 부를 증식시키는 가장 빠른 방법이다. 부자들은 가만히 앉아서 부가 찾아오기만을 기다리지 않는다.

평범한 사람은 돈이 사라지는 것을 고민하고 부자는 돈을 이용해 돈을 버는 것을 고민한다고 한다. 예를 들어, 5천을 신용대출 받았을 때 6%로의 금리를 적용한다면 연 300만 원의 이자가 발생하는데, 이를 12개월로 나누면 월 25만 원의 이자 부담이 되고, 이를 30일로 나누면 하루 8,500원의 이자가 발생한다.

커피 한 잔 값 아껴서 5천만 원으로 경매에 투자해서 연 300만 원 이상 벌 수 있다면 투자를 해야 하지 않을까? 나와 같은 경우는 경매로 시세보다 현저히 싸게 낙찰받아 무피투자 또는 플러스투자를 한다. 단기간에 투자금을 모두 회수하고도 수익이 발생했다. 빚을 지는 걸 두려워할 이유가 없다.

이처럼 머릿속으로는 알고 있지만 당장 하던 일을 멈추고 재테크에 올인하거나 시간을 할애해서 공부하고 실행하는 게 쉽지 않을 수 있다. 하지만 지금 이 순간에도 점점 벌어지는 빈부격차를 느끼며 막연하기만 한 두려움 속에 노동수입으로는 감당하지 못하는 집값을 바라보며 불안해하는 사람들에게 말해주고 싶다. 나의 시작도 23년간 쉬지 않고 집중해온 일, 그것이 전부였었고, 열심히 일한 만큼 노동의 대가는 주어졌지만, 노동 수입만으로 계획하는 미래를 만들고 삶의 여유를 찾는다는 건 어려운 일이라는 걸 절실하게 느꼈다. 경제적 자유를 찾기 위해 기회의 시장을 찾아 경매를 공부했고, 한 번의 낙찰로도 연봉 이상의 수익을 얻을 수 있는 경험치가 생겼다.

또 다른 파이프라인으로 부동산 투자를 시작하면서 23년 열심히 일만 했던 나 자신에게 또 다른 미래를 만들어 주었고, 가정을 꾸리지 않고 홀로 자신을 지켜내야 할 내 앞날에 이제는 혼자서도 충분한 안정을 찾을 수 있는 경제적 자유가 생겼다.

행운은 어느 날 갑자기 찾아오는 우연이 아니며 기회를 잡으려면 스스로 중심이 잡힌 가치관을 가지고 꾸준히 노력하는 것이 필요하다. 부동산 투자는 미래의 자산가치를 구입하는 것과 같다. 근로소득으로는 실현할 수 없는 부를 안겨주며, 미래란 곧 현재에 투자하는 것들의 결과물이 될 것이다. 지금이라도 자본력을 깨우치고 레이스를 달려 나갈 자본주의 체력을 기른다면 꿈꾸고 있는 미래와 경제적 자유를 얻을 수 있을 것이다.

부동산 하락기에만 잠깐 왔다 사라질 기회들을 잡아라

부동산은 언제나 상승과 하락의 사이클을 경험하면서 우상향해 왔다. 재테크에도 골든타임이 존재한다. 주어진 기회의 시간들을 놓치지 말고 잡아야 한다. 기회를 잡은 사람과 그렇지 못한 사람의 차이는 결정적인 순간의 용기일 것이다. 막상 부동산 가격이 주춤 할 때는 투자가 쉽지 않았지만, 장기적인 안목에서 용기 있는 선택 을 한 사람들만 수익을 올릴 수 있었다. 외환위기와 금융위기 때에 도 위기를 기회로 만든 사람들은 많았다.

외환위기, 금융위기, 코로나 사태, 우크라이나 전쟁, 북핵 위기 경기침체 등등 수많은 일들을 겪으면서도 부동산 가격은 장기적 인 측면에서 우상향해왔다. 그때마다 수많은 걱정들은 항상 있었 고, 집값은 계속 올랐다. 왜 그럴까? 돈의 가치는 시간이 흐를수록 계속 떨어지기 때문이다.

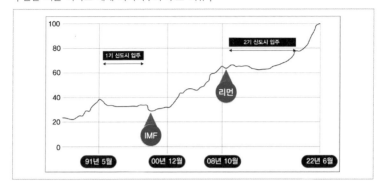

위의 차트를 장기적인 관점에서 본다면 우리나라 부동산 가격
이 주춤했던 시기는 1997년 IMF 외환위기와 2008년 리먼브라더
스 투자은행 파산으로 인한 금융위기였다. IMF 외환위기에 도곡
동 타워팰리스는 초기 분양이 30%가 안 되었으나 입주 후 가격이
크게 올라 엄청난 시세차익을 얻었다. 2008년 금융위기로 반포자
이와 반포래미안 퍼스티지도 미분양이 되었지만, 입주 후 엄청난
시세차익을 얻을 수 있었다.

위기의 상황이었던 코로나 이후 모든 자산의 가격이 오르는 에
브리싱 랠리의 시대가 왔고 위기는 또 다른 기회가 되기도 한다.
국제질서, 통화체계, 글로벌 기술 패턴들이 변하고 있는 시기에 새
로운 부자들이 탄생한다. 지각변동이 일어나는 바로 이런 시기에
어쩌면 평생 한 번 오는 부자가 될 기회가 바로 지금일지 모른다.
지금과 같은 부동산 하락기에 나에게 부동산 투자에 관해 물

어보며 걱정하는 분들이 많다. 그러나 나는 걱정을 하지 않는다. 2022년 하반기 부동산 가격이 하락했으나, 하락기에도 나는 부동산 경매를 통해 무피투자와 플러스피 투자를 하여 수익을 창출하고 있고, 재개발 가능 지역에 초기에 투자하여 투자금 대비 높은 수익률을 달성하고 있다. 또 서울시의 신속통합기획 1차 후보지역에 미리 투자했고, 2023년 1월 시세는 2배가 올랐다.

한편 부동산 매수시장에서는 금리의 영향보다는 정부의 정책들이 중요하다. 간혹 부동산 규제들이 없어지려면 부동산 경기가 죽어야 한다고 말하는 이들이 있지만, 이와는 반대로 정부는 급격하게 하락하는 부동산 시장의 경착륙을 막기 위하여 2023년 1월 3일 부동산 규제를 해제했다. 흔히 규제들이 없어지면 부동산은 다시 부활한다고 하는데, 이는 자본주의의 원리에 따르는 자연스러운 현상이다. 과거의 경제적 변동 추세를 보더라도 실물 자산인 부동산의 가격은 장기적으로 오를 수밖에 없다고 생각한다. 따라서 규제가 해제된 지금 시점이 오히려 무주택자들이 좋은 집을 싸게 살 수 있는 시기가 될 수 있다.

재테크에는 돈을 벌 수 있는 가장 효율적인 시간이 존재하며, 기회의 순간 망설이지 말고 골든타임을 잡아야 한다. 그것이 능력이며 그러기 위해서는 남들이 투자할지 말지를 고민할 때 미래 가치와 수익을 보는 힘, 자본 체력을 길러야 한다. 또 평소에 부동산에 관심을 갖고 정부의 정책 변화를 주시하며, 경매 투자든, 재개발 투자든 부동산 공부를 해야 한다.

부동산 투자를 통해 인생 초반에 경제적 여유를 찾길 바라며, 인생 후반기에는 온전한 행복에 집중할 수 있기를 바란다.

3장

소액투자 ①
소형 빌라, 다세대, 아파트
: 재개발 중심으로

생애 첫 집,
300만 원에 마련하다!

43세, 1인 가구, 미혼남성, 25년 지기 가장 가까운 친구의 상담 사례이다. 현재 무주택 상태이며 전세금 8,500만 원(전세자금대출 6,800만 원) 오피스텔에 5년째 거주하고 있다. 일찍부터 사회생활을 시작했고 학자금 대출을 통해 대학을 다녔으며, 군대를 다녀온 뒤에는 갚아야 할 약간의 빚이 따라다녔다. 직장생활 20년 차 한 달 월급으로는 월세와 생활비 등 고정 지출을 감당하고 나면 고정적인 적금은 생각하지 못했다.

지금의 젊은 청년들은 부모의 도움 없이 혼자서 내 집 마련을 하거나 결혼을 생각하기에는 현실적으로 너무 버겁다. 가정을 꾸리고 아이가 커가며 직장생활에서 어느 정도 꿈을 이뤄 안정감이 들어야 할 나이이지만, 불혹이 지나도록 현실은 녹록지 않고 미래는 불안하며 하루하루 쫓기듯 시간이 흘러가 버렸다.

삶의 모습들은 각기 다르고 무엇이 인생의 정답이라 말할 수는 없다. 하지만 한결같은 성실함, 그 좋은 에너지로 20년 간 회사를 위해 일했지만, 그에 반해 경제적으로 자유로워질 수 없는 현실이 너무 안타까웠다. 그렇게 마흔 살에 접어든 친구는 미래에 대한 투자보다는 현재를 즐기며 살겠다는 생각이 많았던 것 같다. 평소 꿈꿔오던 수입차를 구입하는 데 모아둔 전부를 지출했고, 우스갯소리로 차와 결혼했다는 말을 했었다. 43세, 미래에 대한 막연함과 더불어 나이가 들수록 주변 동료들과 삶의 방향이 달라지고, 점점 오르는 집값과 전세금에 작은집이라도 주택을 소유한 동료들과 괴리감이 느껴질 수 있는 나이였다. 걱정스러워 한마디씩 던지던 나의 조언들에 친구는 내 집 마련이 어렵다며 늘 반복적인 고민만 하다가 씁쓸한 웃음을 뒤로하고 포기해 버렸다.

하지만 나는 친구에게 조금만 눈을 돌리면 아직 기회는 있다는 격려와 함께 적은 투자금으로 접근할 수 있는 곳이 있을 거라고 희망을 주었고, 친구는 언젠가부터 부동산에 대해서 질문이 많아지더니 내게 도움을 청했다. 친구가 걱정해오던 그 출발점은 돈의 크기가 아니라 생각의 크기였다는 것을 알게 해주고 싶었다.

우선 여유자금이 많지 않은 친구의 상황을 고려해 그가 거주하고 있는 인천지역에서 투자할 곳을 찾기 시작했다. 매매 기준은 최근 5년간 주택매매 가격 동향 조사를 통해 주변 지역에 비해 가격 변동 폭이 적은 곳을 중심으로 주변에 개발 이슈가 있을만 한 지역을 찾아다녔다. 그리고 이런 조건들에 부합하는 곳을 찾아 투자를 결정하였다.

인천시 계양구 임학동 다세대 주택

그래서 선택한 지역이 인천시 계양구 임학동이었다. 2021년 6월, 임학동에 1층, 대지지분 9.3평, 전용면적 14.95평의 다세대 주택을 7,650만 원에 매입하였다. 그렇게 첫 집의 계약금을 주고 만약을 대비해 계약이 해지되지 않도록 중도금까지 치렀다. 당시 월세 세입자가 거주 중이었으나, 2021년 10월 말 세입자가 이주하면 수리를 해서 전세로 잔금을 처리하는 조건으로 매매계약을 체결했다.

2021년도 10월 말, 세입자가 이주했고 바로 수리를 시작했다. 외풍이 심해서 단열공사와 새시까지 올 수리 하는 데 수리 비용으로 1,500만 원이 들었다. 친구가 매입한 물건은 공동주택 공시가격 6천만 원으로, 전세자금 대출가능금액이 9천만 원이라 전세를 놓을 수 있는 물건이었고, 2021년 11월 말에 9천만 원에 전세계약을 체결했다.

주택 구입에 들어간 금액은 매입가격 7,650만 원에 취등록세와 중개수수료 160만 원, 수리비용 1,500만 원을 포함하여 총 9,300만 원이 들었고, 9천만 원에 전세를 놓아 실제 투자된 금액은 300만 원이었다.

이후 친구가 매입한 지역은 2022년 1월 재개발추진준비 사무소가 개소되었고, 재개발 추진을 위해서 동의서를 징구(徵求)받고 있으며, 2023년 2월 기준 시세는 1억4천만 원으로 가격이 상승하고 있는 지역이다.

인천시 계양구 계산동 다세대 주택

친구는 생애 첫 주택을 매입해서 수리하고 전세 놓는 과정을 겪어보면서 적은 돈으로도 부동산을 구매할 수 있고 수익도 낼 수 있다는 것을 깨닫게 됐고, 그 후로 부동산을 보는 눈이 달라졌다.

그렇게 부동산에 투자를 시작했고, 주말마다 부동산 임장을 다녔으며, 눈여겨보던 지역에 적은 갭으로 투자할 수 있는 물건이 나왔다. 해당 주택은 차후에 현 세입자가 전세 만기 시 직접 거주를 염두에 두고 매수를 하였다.

인천시 계양구 계산동의 필로티 건물로 전용 17평의 다세대 주택이었고, 방3에 화장실 2개의 넓은 구조로 위치가 좋았으며, 올 수리가 되어 있었다.

매매가는 1억3천8백만 원이고, 전세 가격은 1억3천3백만 원으로 갭 500만 원에 매수하였다. 인근지역은 재개발을 추진하고 있는 곳으로 매매물건이 잘나오지 않았는데, 그럼에도 불구하고 직접 해당 지역에서 발 빠르게 매수해 두 번째 기회를 잡을 수 있었다. 이로써 친구는 6개월 만에 두 채의 집주인이 되었다.

두 채를 매입하기까지 매 순간 걱정도 많고 신경 써줘야 할 일도 너무 많았지만, 고맙다는 말 한마디에 수고로움이 싹 사라졌고, 친구에게 도움을 줄 수 있어 좋았다.

요즘 청년들을 'N포 세대'라고 한다. 연애, 결혼, 출산, 집 장만을 포기한다는 것이다. 그중 집 장만이 가장 힘들다고 한다. 어지

간한 연봉으로 그들이 집을 장만할 수나 있을까? 게다가 삶의 기초인 주거가 불안정하니 연애나 결혼은 꿈도 못 꾼다고 한다.

그러나 부동산에 대해 조금만 눈을 돌리고 생각을 바꾸면 적은 돈으로도 내 집을 장만할 수 있는 발판을 만들 수 있다. 빌라를 사라는 말이 아니다. 적은 돈으로 투자할 수 있는 물건부터 사서 부동산을 키워나가면 된다.

재개발사업이란
무엇인가?

재개발에 투자를 하기 위해서는 우선 재개발에 관련된 용어의 의미부터 알아야 한다.

먼저 '재개발'이란 연립주택, 다세대주택, 단독주택, 다가구주택, 상가겸용주택 등의 정비기반시설이 열악하고 노후·불량건축물이 밀집한 지역에서 주거환경을 개선하거나 상업지역·공업지역 등에서 도시기능의 회복 및 상권 활성화 등을 위하여 도시환경을 개선하는 목적으로 시행하는 사업이다.

다음으로 '재개발지역에서의 토지 등 소유자(관련 용어?)'라는 의미는 재개발구역 안에 소재한 토지 또는 건축물의 소유자, 또는 지상권자를 말한다. 재개발사업은 토지 등 소유자가 시행하는 사업으로, 재개발사업 동의 여부에 상관없이 모두가 조합원이 된다. 낡고 오래된 건축물이 많다고 하여, 또는 지역주민이 요구한다고 하여 재개발이 진행되는 것은 아니다. 재개발이 진행되려면 먼저 정비기본계획이 수립되어야 한다.

통상 특별시장·광역시장·특별자치시장·특별자치도지사 또는 시장이 관할 구역에 대하여 도시·주거환경정비기본계획을 10년 단위로 수립하고, 기본계획에 대하여 5년마다 타당성을 검토하여 그 결과를 기본계획에 반영해야 한다.

기본계획은 정비사업의 기본방향, 정비사업의 계획기간, 토지 이용·정비기반시설·지형 및 환경 등의 현황과 주거지 관리계획, 토지이용계획·정비기반시설계획·공동이용시설설치계획 및 교통 계획 등을 포함해 수립한다. 기본계획이 수립되면 특별시장·광역 시장·특별자치시장·특별자치도지사·시장 또는 군수는 기본계획 에 적합한 범위에서 노후·불량건축물이 밀집한 지역 등 대통령령 으로 정하는 요건(재개발 입안대상지역 요건)에 해당하는 구역에 대하 여 정비계획을 결정하여 정비구역을 지정한다.

재개발 입안대상지역 요건은 각 시도별 도시 및 주거환경정비 조례에 따라 다르다. 서울시의 정비계획 입안대상지역 요건 중 주 택정비형 재개발구역은 면적 1만m² 이상으로, 다음의 어느 하나 에 해당하는 지역(1. 과소필지 40% 이상, 2. 주택접도율 40% 이하, 3. 호수밀 도 60 이상)이다. 경기도는 노후불량건축물 수가 60% 이상으로, 다 음 어느 하나에 해당하는 지역(1. 과소필지, 부정형 또는 세장형의 필지 수가 30% 이상, 2. 노후불량건축물의 연면적 합계가 전체 건축물 연면적 합계의 60% 이상, 3. 호수밀도 헥타르 당 60호 이상, 4. 주택접도율 30% 이하)이다.

이처럼 지역마다 구역지정요건이 다르고 노후, 불량건축물의 기준과 과소필지 기준도 달라 지자체의 조례를 확인해야 한다. 정비구역이 지정된 이후에는 구역 내의 토지 등 소유자가 사업을 추진해 나가야 한다. 공공재개발이 아닌 이상 정부나 지자체가 추진해주지는 않는다.

정비구역 지정·고시 후 토지 등 소유자 과반수의 동의를 받아 조합설립을 위한 추진위원회를 구성하여 시장·군수 등의 승인을 받아야 한다. 추진위원회는 개략적인 정비사업 시행계획서를 작성하고 조합설립 인가를 받기 위한 준비업무를 수행한다. 재개발사업의 추진위원회가 조합을 설립하려면 토지 등 소유자의 4분의 3 이상 및 토지면적의 2분의 1 이상의 토지소유자의 동의를 받아 시장·군수 등의 인가를 받아야 한다.

조합설립 인가 이후 사업시행자(조합)는 사업시행계획서에 정관 등과 국토교통부령으로 정하는 서류를 첨부하여 시장·군수 등에게 제출하고 사업시행계획인가를 받아야 한다. 시장·군수 등은 신고를 받은 날부터 20일 이내에 신고수리 여부를 신고인에게 통지하고 사업시행계획서의 제출이 있은 날부터 60일 이내에 인가 여부를 결정하여 사업시행자에게 통보한다. 사업시행인가까지 받았다는 것은 재개발사업의 가장 큰 산을 넘었다는 것으로, 조합원의 분양신청을 통해 조합원의 세대수, 평수 등 공급계획을 확정한다.

재개발사업에서는 토지 등의 소유자 모두가 조합원의 지위를 갖지만, 조합원 분양신청과정에서 분양 자격의 유무가 나눠진다. 또한 조합원으로서 분양신청을 하지 않고 현금청산을 택하는 경우도 있다. 사업시행자는 분양신청기간이 종료된 때에는 분양신청의 현황을 기초로 관리처분계획을 수립하여 시장·군수 등의 인가를 받아야 한다. 이때가 구체적인 사업성이 나오는 단계이다. 사실 토지 등 소유자가 분양신청을 하기 위해서는 분양신청 전에 사업성이 나와야 하지만, 조합도 사업을 시행하는 사업자라서 초기 조합원의 분양신청이 많지 않고 현금청산을 요구하는 경우가 많으면 사업비 조달 등의 어려움을 겪을 수 있다. 따라서 개략적인 추정분담금만을 제시하여 분양신청을 먼저 받는다. 이는 도시 및 주거환경정비법의 절차상 개선이 필요한 부분이다. 관리처분 인가 이후에는 이주 및 철거가 진행되고 착공이 이뤄지며, 조합원의 동호수 추첨과 일반분양이 진행된 다음 입주 및 분양 처분의 고시 이후 조합의 해산/청산 절차를 밟는다. 다음은 주택재개발사업의 진행 절차이다.

정비기본계획 수립

↓ 기본계획은 10년 단위로 수립,
5년 단위로 적정성 검토

정비구역 지정

↓ 정비구역지정 요건에 부합해야 한다.
이는 지역마다 다르다.

추진위원회 승인

↓ 토지 등 소유자의 2분의 1이상 동의

조합설립 인가

↓ 토지등소유자의 4분의 3 이상 및 토지면적의
2분의 1 이상의 토지소유자의 동의

사업시행 인가

↓ 시장·군수등은 사업시행계획서의 제출이
있은 날부터 60일 이내에 인가 여부를 결정
하여 사업시행자에게 통보

조합원 분양 신청

↓ 조합원 세대수, 평수 등 공급계획 확정

관리처분계획 인가

↓ 관리처분 총회

이주 및 철거

↓ 조합원 동호수 추첨(일반분양)

착공

↓ 등기촉탁

입주 및 분양 처분의 고시

↓

조합 해산/청산

재개발 투자에 대한
오해와 편견

　재개발에 투자하여 입주까지는 시간이 오래 걸리고 자본이 많이 필요하다. 또한 재개발이 진행되더라도 경기가 좋지 않거나 지역주민들의 반대에 부딪히면 사업이 중단될 수도 있어 자칫 투자금을 잃을 위험 때문에 재개발 투자를 어렵다고 느끼게 만든다.

　그러나 이런 오해와 편견 속에서도 수익을 내는 사람은 주변에 많다. 그럼 그들 모두가 입주까지 기다리며 투자를 했을까를 생각해 봐야 한다. 이 책을 쓰고 있는 나부터도 재개발 사업지에 투자해서 입주까지 바라보고 있는 물건은 열에 한 건 정도밖에 없다. 다른 아홉 개의 물건은 모두 사업단계마다 소위 프리미엄이 올랐을 때 처분하는 것을 목표로 투자하고 있다.

　따라서 재개발에 투자하기 위해서는 이러한 오해와 편견을 깨야 한다.

　첫째, 재개발은 구역이 지정되고 입주까지 시간이 오래 걸리는 것을 부인할 수는 없으나, 본인의 선택에 따라 단기투자를 할 수도 있고 장기투자를 할 수도 있다. 본인의 목표 수익률을 얼마로 잡느냐에 따라 단기든, 장기든 처분하면 되는 것이지 입주까지 가져갈 필요는 없다.

둘째, 재개발 투자는 자본이 많이 필요하다는 부분은 재개발 물건의 위치, 사업단계별로 다르다. 어느 단계에서 투자하느냐에 따라 투자금의 크기가 달라질 뿐이다. 관리처분단계에서 투자를 한다면 리스크가 줄어든 만큼 프리미엄이 높아져 투자금이 많이 들 것이고, 초기에 투자를 한다면 리스크가 큰 만큼 프리미엄이 낮아 투자금이 적게 들 것이다. 본인의 선택에 따라 투자금이 달라진다는 것이지 재개발이라고 해서 무조건 돈이 많이 들 거라는 생각은 오해이다.

셋째, 재개발 투자는 위험하다? 모든 부동산 투자가 마찬가지다. 어느 것 하나 위험하지 않은 것은 없다. 재개발 투자에 두려움이 있다면 위험부담이 없는 관리처분단계에서 투자하면 된다. 재개발사업지역 인근의 새 아파트 가격과 조합원의 감정평가액 및 조합원 분양가, 추가 분담금을 비교하여 투자하면 좀 더 안전할 것이다.

넷째, 재개발사업은 어렵다? 이 부분은 재개발에 대해 공부를 안 했다는 것이다. 공부를 안 하면 어떤 것이든 쉽지 않다. 재개발 투자를 하려면 도시 및 주거환경정비법상의 사업 진행 단계와 재개발의 기본 이론을 이해해야 한다. 인터넷 검색창에 재개발사업

단계라고 검색만 하더라도 재개발 사업단계별 과정을 찾아볼 수 있고, 각 과정의 요건 등도 친절하게 설명해 놓았다. 또 재개발에 관한 책도 많고 유튜브를 통하거나 재개발 강의를 들을 수도 있다. 공부에 대한 의지가 있다면 정보는 무궁무진하게 많다. 재개발에 대한 기본 이론과 사업단계별 요건을 이해하면 재개발 투자는 결코 어렵지 않다.

부동산 소액투자
재개발이 답이다

재개발은 소액으로도 얼마든지 투자를 할 수 있다. 내가 2020 년 7월 1억 원에 매입한 경기도 구리시 수택동 ○○○-○○ 다세대주택은 대지지분 10.71평, 전용면적 10.22평으로 8,000만 원의 전세를 끼고 갭 2,000만 원에 매입을 했다. 매입을 결정한 이유는 수택동은 재개발구역에서 해제된 지역으로 6년간 매매 가격 변동이 없었고, 정비구역지정요건에는 부합한 곳으로 차후 또다시 재개발이 추진된다면 서울 송파와 강남권과의 접근성도 용이한 지역으로, 가격 상승이 충분히 될 곳이었다. 예상은 빗나가지 않았다. 2020년 12월부터 (가칭)재개발추진준비위원회에서 재개발추진을 위해 동의서를 징구했고, 주민의 75% 동의를 받아 구리시에 접수했다.

2021년 8월 10일 정비계획 입안 제안된 지역(경기도 구리시 수택동 454-9번지 일원) 342.780.4m²가 건축허가 제한구역으로 묶였다. 이

건축허가제한지역

경기도 구리시 수택동 ○○○-○번지 일원, 건축허가 제한구역

는 지분 쪼개기를 금지하는 것이다.

　현재 내가 투자한 수택동 ○○○-○○ 물건과 비슷한 물건의 시세는 4억 원으로, 3.3m²의 가격은 4,000만 원이다. 이보다 대지지분이 작은 수택동 ○○○-○. 2층의 2022년 3.3m²의 실거래 가격은 6,299만 원이다. 내가 매입한 다세대주택은 2023년 1월 전세계약이 종료됐고, 1억 2천만 원에 새롭게 전세를 놓았다. 초기 투자금액 2,000만 원을 회수하고도 추가로 2,000만 원을 더 회수한 플러스 투자가 됐다. 현 시세를 기준으로 투자금액대비 수익률은 계산이 안 될 정도로 높다. 충분히 공부를 하고 지역을 분석한다면 리스크를 줄이고 적은 돈으로도 수익을 얻을 수 있다.

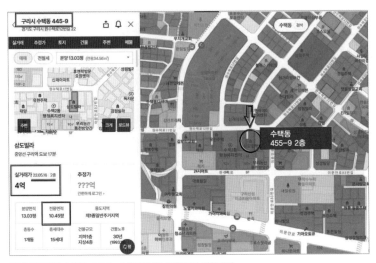

경기도 구리시 수택동 ○○○-○번지 일원, 건축허가 제한구역

　다음 사례는 2021년 1월, 내가 9,000만 원에 매입한 수원시 장안구 파장동 559-2. 동○빌라 3층으로 대지지분 7.88평, 전용면적 12.55평이며, 재개발사업(장안 111-1구역)으로 아파트를 짓고 있는 바로 맞은편이다. 파장동 동○빌라는 전세 8,400만 원을 끼고 갭 600만 원 소액으로 매입했다. 같은 지역 파장동 ○○○-○. 1층 대지지분 8.75평, 전용면적 9.89평이 2022년 12월 8일 1억 7350만 원에 실거래됐다. 실거래 가격 1억 7,350만 원(대지지분 1평, 약 2,000만 원)을 기준으로 동○빌라의 매매 가격을 대지지분으로 계산하면 1억 6,000만 원이며, 기대수익은 7,000만 원으로 투자금액 600만 원 대비 10배가 넘는 수익을 예상할 수 있다. 파장동도 매입하기 전 노후불량건축물의 비율과 연면적의 비율을 조사했고, 장안

111-1구역이 완공된다면 충분한 수익을 얻을 수 있을 거라 생각했다. 또한 매입한 파장동의 다세대주택에서 반경 350m에 지하철 인동선(신수원선) 파장역이 신설되어 향후 수익은 더 높아질 것이다. 이처럼 적은 돈으로도 재개발 인접지역과 교통이 좋아질 곳에 남들보다 한발 앞서 투자를 한다면 높은 수익을 얻을 수 있다.

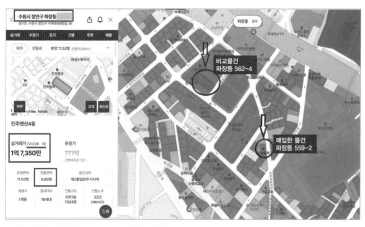

수원시 장안구 파장동 ○○○-○ 실거래 가격

　서울은 신속통합기획 후보지와 모아주택사업 후보지를 중심으로 재개발이 적극 추진되고 있고, 경기도와 인천의 경우에도 정비구역 요건에 부합하는 지역을 중심으로 가격이 상승하고 있다. 이런 지역에 초기에 경매 물건이나 갭투자 물건을 매입한다면 은행 정기예금 수익률의 수십 배에 달하는 투자수익을 얻을 수 있다.

　내가 서울에 낙찰받은 북부3계 2021-190 강북구 수유동 물건도 1억 8,240만 원에 낙찰을 받고 2억 3,000만 원에 전세를 놓아 투자금액을 모두 회수하고도 4,000만 원 이상 플러스투자를 했고, 해당 지역도 재개발을 추진하고 있다. 재개발이 시간이 오래 걸리고 돈이 많이 필요하며, 위험하고 어렵다고만 생각하지 말기 바란다. 기본적인 이론과 현장학습을 통해 분석한다면 리스크를 줄이면서 투자 수익을 높일 수 있을 것이다.

재개발 투자 전
반드시 알아야 할 것

　재개발 투자 전 재개발에 대한 기본적인 의미나 사업단계별 진행 절차를 이해했다면 다음으로 해야 할 것은 재개발지정가능지역이나 재개발지정후보지를 조사하는 것이다. 재개발을 진행하기 위해 지자체는 도시 및 주거환경정비기본계획을 수립하고, 수립된 계획을 일정 기간 주민에게 공람하는 절차를 수행해야 한다. 사실 먹고 살기 바쁜데 지자체의 도시 및 주거환경정비계획이 어떤 내용을 포함했는지를 찾아보는 일반인은 거의 없다. 수원시의 2030 도시 및 주거환경정비기본계획 내용만 보더라도 222페이지에 달해 모든 내용을 읽어보는 것도 쉬운 일이 아니다. 이러다 보니 내가 2021년 5월 수원시 장안구 정자동 ○○○-○번지 다세대 주택을 매입한 곳을 포함하여 인근지역이 수원시 2030 도시 및 주거환경기본계획에 재개발지정후보지역과 재개발지역 가능지역으로 계획이 돼 있었다는 사실을 아는 사람은 거의 없었다. 심지어 매매계약을 해준 부동산도 몰랐다고 했다. 현업에서 부동산 중개업을 하는 사람조차도 재개발에 관심이 없다면 재개발에 대한 정보를 찾는 노력도 하지 않는데 하물며 일반인이 재개발정보를 찾고 현장에서 물건을 매입하는 경우는 극히 드물다.

나는 정자동의 물건을 매입하기 전 수원시 기본계획에 나와 있는 재개발지정후보지역 20곳과 재개발지정가능지역 6곳을 대상으로 모두 현장 조사를 했다. 현장에 가서 매매 가격과 전세 가격, 갭 투자금액, 건물의 내외부 상태를 비교했고, 파일로 만들어 임장보고서를 작성했다. 그런 과정을 통해 2021년 상반기를 기준으로 수원시에서 재개발을 진행하는 사업지에서 가장 가까운 곳의 개발가능 후보지를 찾아 투자를 결정했다. 그곳이 현재 재개발을 진행하고 있는 수원시 장안구 장안111-1구역 앞의 정자동이었다. 내 노력은 나를 배신하지 않았다. 내가 매입한 정자동 ○○○-○ 일원은 재개발을 위해 2023년 1월 기준 75%의 주민동의를 받았고, 주민제안 방식의 재개발사업을 추진하고 있다.

내가 매입한 정자동 ○○○-○ 다세대주택 2층은 전세 8,400만 원을 포함하여 9,400만 원으로, 투자금액은 1,000만 원이다. 같은 건물의 동일한 대지지분, 동일한 전용면적 4층이 2022년 12월 17일 1억 7,000만 원에 실거래됐다. 실거래 가격만을 놓고 비교한다면 나는 투자기간 2년 만에 투자금액 1,000만 원으로 7,000만 원 넘게 차익을 얻고 있는 것이다. 시중에 어떤 재테크 상품이 2년 만에 투자금의 700%를 벌 수 있겠는가? 재개발 소액투자니까 가능

출처: 부동산 플래닛

한 일이다. 나는 2021년 5월 정자동 ○○○-○를 매입하고 연이어 정자동에 3건의 물건을 더 매입했다. 총 4건의 투자금액은 5,000만 원으로, 2023년 1월 기준으로 3억 1,000만 원의 차익을 얻고 있고 향후 가격은 더 상승할 것이다.

돈을 벌고 싶다면 남들이 하지 않는 노력을 해야 한다. 특히 재개발 투자를 하려면 각 시도별 도시기본계획을 확인하는 것이 필수이다. 지자체 홈페이지에서 도시 및 주거환경정비계획을 검색하여 정보를 찾아보고, 국가법령정보 홈페이지에서 각 지자체별 재개발구역지정요건 조례를 확인해봐야 한다. 아래 그림은 서울, 경기, 인천의 도시 및 주거환경정비조례와 건축조례이고 투자할 지역의 세부적인 지역별 요건은 다를 수 있어 확인이 필요하다.

쉽고 빠른 노후도, 호수밀도 확인 방법

　재개발이 진행되기 위해서는 재개발구역지정 요건에 부합하는 지를 먼저 확인해야 한다. 과거에는 지자체가 정비구역을 지정하는 방식으로 진행된 사례가 많으나 현재는 다양한 공모 과정을 통해 주민의 참여를 유도하고 지역주민이 재개발 입안 제안을 하는 사례가 많아지고 있다. 그러다 보니 지역마다 재개발사업을 진행하기 위해 가칭 추진준비위사무실이 우후죽순으로 많아지고 자칫 재개발구역지정요건에 부합하지도 않는 지역의 물건을 매입하게 된다면 장기간 투자금액이 묶이게 되고 피해를 입는 사례도 생길 수 있어 주의가 필요하다. 인터넷에 재개발예정지역이라고만 검색해도 각 지역마다 여러 장의 경계가 표시된 사진들이 올라오는데, 이 중 일부만이 재개발구역지정요건에 부합하고 공모를 통해 후보지역으로 선정된다. 그리고 이를 통해 후보지로 선정된 지역은 본격적인 재개발사업을 추진할 수 있게 된다.

이미 재개발지역으로 구역지정이 된 곳은 가격이 상승하여 투자되는 금액도 많아질 수밖에 없다. 재개발 후보지역도 마찬가지다. 과거에는 사업진행단계별로 소위 프리미엄이 형성됐다면, 현재는 재개발 후보지역으로 선정되는 것만으로도 조합설립인가 전 단계만큼의 프리미엄이 한꺼번에 형성된다고 해도 과언이 아닐 정도로 급격하게 가격이 상승하여 적은 금액으로는 투자를 할 수 없다. 그렇기 때문에 적은 자금으로 투자를 하기 위해서는 무수히 많은 재개발추진지역 중 재개발요건에 부합하는 지역을 찾아야 한다. 이를 위해서는 지자체별 도시 및 주거환경정비조례의 정비계획 입안대상지역요건을 확인하고 요건을 충족하는 지역을 선별하여 투자해야 한다.

과거에는 재개발을 추진하는 지역을 대상으로 면적이 산출되면 토지이용계획 확인원에서 「국토의 계획 및 이용에 관한 법률」에 따른 지역, 지구 등을 확인하고 지자체의 허용 용적률을 확인하여 재개발구역을 추진하는 지역의 연면적을 계산했다.

다음으로 「도시 및 주거환경정비법 시행령」 제9조 2항의 재개발사업지의 주택 규모 및 건설비율을 중소형과 중대형 평형으로 구분하여 재개발 사업지역의 건축 연면적에 대입하여 분양가구 수를 예측했다. 또한 기부채납을 통해 임대주택의 비율을 조정했다. 물론 이 방법이 100% 맞지는 않으나 예상하는 수치로는 충분하다.

다음으로 토지 등 소유자(조합설립 전까지)의 수를 산정하기 위해서는 재개발추진지역을 1cm 단위로 바둑판 모임으로 구역을 나누고 칸칸이 번호를 부여했다.

부여된 칸에 들어 있는 지번을 대상으로 대법원 인터넷등기소에서 소유자수를 조사하고 이를 모두 합산하면 재개발추진 구역의 토지 등 소유자수를 확인할 수 있었다.

분양가구수 예측과 토지 등 소유자수를 통해서 사업성이 있는지 없는지 정도는 충분히 알 수 있었다. 그러나 지금은 이렇게 복잡한 과정을 거치지 않고서도 '부동산플래닛(www.bdsplanet.com)'이나 '국토개발플랫폼(www.prom.space)'을 활용하여 재개발을 추진하는 지역이 정비구역지정요건에 부합하는지와 토지 등 소유자수를 간단하게 확인할 수 있다. 다만 분양가구수를 예상하는 부분은 위에서 말한 방법이 최선이다.

노후도 체크를 위한 「부동산 플래닛」 찾아보기

〈수원 장안구 조원동 ○○○-○번지 일원 노후도 확인 방법〉

1) 부동산 플래닛 사이트 검색 후 상단의 '실거래가 조회' 클릭하고

2) 오른쪽의 탐색 버튼을 클릭하면 붉은색 부분이 표시가 되며, 표시된 부분이 노후도를 의미한다. 전체적인 구역의 건축연한, 노후도 에 따라 블록의 컬러가 구분된다. 붉은색이 많이 표시될수록 노후불량 건축물의 비율이 높다는 것이다.

3) 다음은 구역을 설정하는 방법으로, 하단의 '영역 그리기'를
클릭하고

4) 마우스 왼쪽 버튼을 눌러 구역을 설정한 후

5) 마우스 오른쪽 버튼을 눌러 구역을 확정할 수 있으며, 분석 결과를 볼 수 있다.

6) 분석 결과를 보면 왼쪽에 구역면적 97,684.79m^2 가 표시되고

7) 하단에 노후도 30년 기준으로 노후불량 건축물의 비율이 71.4%이고, 연면적의 비율이 60.2%로 수원시 도시 및 주거환경 정비조례에 재개발 구역지정 요건(노후불량 건축물의 비율, 연면적의 비율, 과소필지 비율, 접도율, 호수밀도) 중에 노후불량 건축물의 비율과 연면적의 비율이 부합하는 것을 확인할 수 있다. 이를 기준으로 투자 여부 판단이 가능하다.

• 다음은 수원시 도시 및 주거환경 정비조례에의 제6조 정비계획 입안대상지역 요건이다.

⟨제6조(정비계획 입안대상지역)⟩

① 영 제7조 제1항 관련 별표 1 제3호 라목에서 "조례로 정하는 면적"은 1만제곱미터 이상을 말한다.

② 영 별표 1 제4호에 따라 조례로 정하는 주거환경개선사업을 위한 정비계획 입안대상지역의 요건은 다음 각 호의 어느 하나에 해당하는 경우를 말한다.

1. 영 별표 1 제1호 가목에서 말하는 무허가건축물 또는 위법시공 건축물과 영 제2조에 따른 노후·불량 건축물이 대상구역의 건축물 총수의 60퍼센트 이상인 지역을 말한다.

2. 영 별표 1 제1호 라목에서 말하는 "인구가 과도하게 밀집"되어 있다는 것은 호수밀도가 헥타아르당 80호 이상인 경우를 말하며, "기반시설의 정

비가 불량"하다는 것은 도로, 주차장 또는 상하수도 등 기반시설에 정비가
필요하다고 시장이 인정한 경우를 말한다.

3. 영 별표 1 제1호 마목에서 말하는 "정비기반시설이 현저히 부족"하다
는 것은 주택접도율이 20퍼센트 이하인 경우를 말한다.

4. 영 별표 1 제1호 바목에서 말하는 "과소필지 등이 과도하게 분포된 지
역"이라는 것은 「건축법」제57조에 따른 분할제한면적 이하인 과소필지, 부
정형 또는 세장형(대지 폭 3미터 미만을 말한다. 이하 같다)의 필지수가 50
퍼센트 이상인 지역을 말한다.

③ 영 별표 1 제4호에 따라 조례로 정하는 재개발사업을 위한 정비계획
입안대상 지역의 요건은 노후·불량건축물에 해당하는 건축물의 수가 대상
구역의 건축물 총 수의 60퍼센트 이상인 지역 중 다음 각 호의 어느 하나
에 해당하는 경우를 말한다.

1. 영 별표 1 제2호 가목에서 말하는 "토지가 대지로서의 효용을 다할 수
없게 된다"는 것은 「건축법」제57조에 따른 분할제한면적 이하인 과소필지,
부정형 또는 세장형의 필지수가 30퍼센트 이상인 경우를 말한다.

2. 영 별표 1 제2호 나목에서 "시 조례로 비율의 10퍼센트 범위에서 증감
할 수 있다"고 규정함에 따라 조례로 정하는 기준은 노후·불량건축물의 연
면적의 합계가 전체 건축물의 연면적의 합계의 60퍼센트 이상을 말하며,
"건축물이 과도하게 밀집되었다"는 것은 호수밀도가 헥타아르당 70호 이상
인 경우를 말한다.

3. 영 별표 1 제1호 마목에서 말하는 "정비기반시설이 현저히 부족"하다
는 것은 주택접도율이 30퍼센트 이하인 경우를 말한다.

④ 시장은 영 별표 1 제4호에 따라 수원시 도시계획위원회의 심의를 거
쳐 부지의 정형화, 효율적인 기반시설의 확보 등을 위하여 필요하다고 인정
되는 경우 정비구역 입안대상 면적의 100분의 110 이하의 범위에서 영 별
표 1 제1호부터 제3호까지의 규정에 해당하지 아니하는 지역을 포함하여
정비계획을 수립할 수 있다.

신탁방식에 대한
재개발 전략

재개발사업을 진행하는 사업장의 대부분은 조합방식으로 운영이 되고 있다. 조합방식은 조합원의 의사가 반영될 수 있는 장점이 있으나 조합의 전문성 부족과 일부 조합의 비도덕적 행위, 관리능력 부재로 사업이 장기간 표류하는 등 문제를 발생시켜 조합원에게 피해를 주는 경우도 있다.

2016년 도시 및 주거환경정비법의 개정으로 신탁사도 정비사업에 참여할 수 있게 되면서 최근 재개발을 추진하는 사업장 중 이러한 조합방식의 문제점을 보완하기 위해 신탁방식에 의한 공동사업자시행방식을 선택하는 사업장이 많아지고 있다.

신탁방식으로 사업을 추진할 때가 조합방식으로 사업을 추진할 때보다 공사비 절감 효과를 얻을 수 있기 때문이다. 조합방식으로 사업을 진행할 때는 직접공사비, 간접공사비, 분양리스크 비용 등이 발생한다.

특히 분양불이라고 하여 분양률에 따라 공사비가 지급되는 방식의 경우 분양률이 낮다면 공사비 지급이 어렵고, 이는 분양리스크로 작용하여 공사비가 상승할 수밖에 없어 조합원에게 막대한 피해는 주는 경우가 발생할 수 있다. 그에 비해 신탁방식은 직접공사비는 조합방식과 비슷하나 간접공사비를 줄일 수 있고, 무엇보다 분양리스크 비용이 발생하지 않는다.

신탁방식의 사업은 기성불이라고 하여 공정률에 따라 신탁사가 공사비를 지급하는 단순도급방식으로, 분양률과는 무관하다. 또한 사업이 진행되는 과정에서 공사비도 물가상승률과 원자재가격 상승이 반영되어 조합방식으로 진행되는 둔촌주공 재건축처럼 수조 원의 공사비 증액과 손실 보상금액으로 갈등이 빚어지는 경우가 많아 조합원 개개인이 부담해야 할 분담금도 커졌다. 이는 공사 도급계획을 할 때 도급공사비에 물가상승률을 반영하는 과정에서 조합은 건설공사비지수를 반영하지만, 신탁사는 건설공사비지수보다 낮은 소비자물가지수를 반영하기 때문에 조합이 공사를 할 때보다 공사비를 줄일 수 있다.

그럼 조합도 소비자물가지수를 반영하여 도급계약을 작성하면 되는 거 아니냐고 반문하겠지만, 앞서 언급했듯 조합은 대개 비전문적이라 이런 세세한 부분까지 체크를 할 수 있는 능력이 없다. 또한 재개발사업은 사업지 내 단독, 다가구, 상가 겸용주택, 상가, 다세대, 연립주택 등 각자의 이해관계가 복잡하여 조합이 합의를 도출하여 사업을 추진하는 과정에 어려움이 있으나, 신탁방식은 사업단계별 관리 경험이 많고 문제를 해결하는 데 좀 더 적극적이다. 또한 신탁방식은 추진위 설립과 조합설립 단계를 거치지 않아 조합방식에 비해 사업기간도 3~4년 단축시킬 수 있다. 시공사 선정에서도 조합은 조합설립인가 후 시공사를 선정하나, 신탁방식은 신탁사가 사업시행자로 지정되면 바로 시공사를 선정할 수 있다. 따라서 그만큼 속도가 빠르게 진행된다. 특히 재개발사업의 성패는 사업 속도에 따라서도 크게 달라지므로 이런 신속성은 매우 중요하다.

그 밖에도 신탁방식과 조합방식의 차이점을 몇 가지 더 들어보면 다음과 같다.

첫째, 사업의 주체(시행자)가 신탁방식은 정비사업주민위원회라고 하여 토지 등 소유자와 공동사업시행자인 신탁사이고, 조합방식은 토지 등 소유자가 조합을 설립하여 시행하는 방식이다.

둘째, 신탁방식은 금융회사인 신탁사가 사업을 관리하다 보니 투명하게 사업이 추진된다. 일부라고 믿고 싶지만, 아무래도 조합방식으로 사업을 하다 보면 이권 개입으로 인한 사업비 상승과 이로 인한 각종 소송으로 사업이 지연되고, 이는 고스란히 조합원의 부담이 된다.

셋째, 사업관리 부분에서도 신탁방식은 신탁사의 전문인력을 통해 관리가 된다. 하지만 일부이기는 하나 조합은 비전문성으로 특정 업체와 결탁될 가능성이 크고 비리 노출 위험이 있어 금전적인 부분에서 조합원들에게 추가분담금 상승요인이 될 수 있다.

넷째, 2016년 도정법(도시 및 주거환경정비법) 개정 이후 신탁방식으로 사업을 시행하는 경우에는 추진위원회 및 조합설립이 필요 없어 추진위 설립 및 조합 설립을 필요로 하는 조합방식에 비해 사업기간을 3~4년 단축시킬 수 있다.

다섯째, 정비사업에서의 안정성이란 곧 분양리스크를 말하는 것이다. 신탁방식으로 사업을 진행하는 경우에는 분양리스크가 감소하나 조합방식은 미분양 시 조합원의 부담으로 추가분담금이 상승하게 된다.

여섯째, 공사비에 대한 부분이다. 신탁방식으로 사업을 진행할 때 시공사는 단순도급이며 신탁사가 자금을 공사 단계별 현금을 지불하는 방식(기성불)이라 공사중단 가능성이 낮고, 사업 위험 부담 비용과 분양경비 등의 감소로 공사비 절감 효과를 얻게 된다. 그에 비해 조합방식은 분양불(외상공사)이라 하여 공사비 부족 시 시공사가 자금을 자체 조달하며, 이는 공사비 상승과 조합원의 추가비용으로 전가되어 둔촌주공사태와 같이 공사중단 가능성도 발생할 수 있다. 이를 종합하면 신탁방식이 조합방식보다는 조합원에게 좀 더 유리한 부분이 많다는 것이다.

신탁 방식 Q & A

1. 신탁사의 수수료가 높다?

신탁수수료는 분양매출의 1.5~2%로 책정이 되고 조합방식으로 사업을 했을 때보다는 총건축비의 10% 절감 효과를 기대할 수 있다. 또 사업기간의 단축으로 금융비용이 덜 발생하는 부분이 커서 신탁수수료를 부담하더라도 신탁방식으로 사업을 추진하는 것이 더 큰 이득이다.

2. 권리행사 시 절차적 번거로움이 발생한다?

매매를 하거나 임대차계약, 담보대출 등의 부동산 권리행사를 할 때 신탁말소절차가 필요하나, 신탁사에 말소를 요청하면 필요한 서류는 하루만에 신탁사에서 발급이 가능하다. 재산권 행사에는 아무런 영향이 없다.

3. 신탁방식(신탁등기)은 내 재산을 빼앗긴다?

도시 및 주거환경정비법 시행령 제21조에 의해 신탁방식의 정비사업은 신탁등기를 진행해야 하고 신탁등기를 해도 매매, 상속, 증여, 임대차 등 재산권 행사는 가능하다.

4. 신탁사에게 끌려 다닐 수 있다?

정비사업주민위원회 총회에서 시공사 선정, 사업시행인가, 분양신청과 방법, 관리처분 인가 등 중요사안을 신탁사와 협의하여 결정한다. 신탁사는 전문적인 사업관리를 수행한다.

5. 저렴한 공사비로 인해 품질이 떨어질 수 있다?

금융회사인 신탁사가 사업 시행을 맡아서 진행하다 보니 정비사업주민위원회와 함께 시공사를 선정할 때 일정한 조건을 갖춘 업체를 경쟁 입찰방식으로 하여 선정하기 때문에 공사비가 낮다고 하여 품질이 떨어지지는 않는다.

추진위원장으로의 새로운 도전!!
극초기 재개발의 준비된 전략

　재개발 정비지정요건을 분석하고 재개발 예상지역에 투자하던 중 2021년 11월 8일 법무법인 산하에서 5주 동안 도시정비사업 법률 공부를 하면서 여러 지역의 재개발 추진을 하고 계시는 조합장, 추진위원장님들을 만났고, 여러 경험치가 생겼다.

　수원지역의 재개발 정비지정요건인 주택의 노후도 접도율 과소 필지비율, 호수밀도 등(정비계획 입안대상지역 요건)에 맞는 지역의 입지분석과 공부를 하면서 투자를 해오던 중 조원동 741번지에 대한 관심으로 여러 가지 조사를 하고 지켜봐 왔다.

　100명이 넘는 카카오톡 오픈방에 소유자들과 관심자들이 있었지만 나서는 사람은 없었다. 초기재개발을 시작한다는 건 많은 어려움과 대가가 없는 수많은 노력들이 필요하다는 걸 알기에 누군가 추진을 한다면 이곳은 재개발에 대한 주민들의 의지도 있고 사업성도 괜찮았기에 추진위가 생긴다면 그동안의 경험치들로 작은 보탬이 돼야지 하는 기대로 1년 반 정도 지켜보았다. 하지만 누군가 하면 좋겠다는 기대감이 있었을 뿐, 인근 다른 지역에 비해 오히려 저평가되어 안타까웠다. 기다림이 계속되던 중 주변의 지속된 권유로 많은 고민 끝에 결국은 여러 사업지의 경험치와 이 구역에 대해 가장 많이 공부해온 내가 추진위원장이 되었다.

초기사업에 소유주들의 재개발에 대한 의지와 협력이 없다면 사업이 성공하기 어려울 수 있다. 누군가 해주겠지 하고 관망만 하거나 잘 차려진 밥상만 기다리고 숟가락만 얹으려고 한다면 신속한 재개발을 기대하기 어렵다. 결국은 본인들의 자산가치가 하락하게 된다는 걸 알아야 한다. 미래를 예측하는 가장 훌륭한 방법은 바로 직접 미래를 만들어보는 것이다.

재개발이 된다는 건 로또를 맞는 확률처럼 어려운 일이다, 누군가 나서서 시작을 한다면 기회가 왔을 때 적극적으로 참여해야 하고 내 자산을 지킬 기회를 잡아야 한다. 그러기 위해서는 추진위의 초기 멤버가 되어 직접 시행에 참여해 보는 것도 방법이다.

재개발은 장기적인 전략이 필요하기 때문에 동의서 징구로 주거환경을 바꾸고 내 자산가치를 움직이는 일에 구성원이 되어서 적극적으로 참여해보면 나에게 또 다른 정보가 생길 수 있고 재개발 절차에 대한 공부가 되기도 하니 출구전략이 될 수 있다.

초기 추진위들도 구역 내 일반 소유주들과 같은 소유자이고 봉사하고 선행하는 사람들이다. 누군가 하겠지 하고 미루다 보면 추진위가 지쳐 떠난 후 후회를 하는 경우도 많다.

재개발을 진행하다 보면 다양한 소유자들을 만나게 된다. 빌라, 상가, 단독주택 등을 소유한 분들 또는 구역 내 시장이 있다면 시장에 점포를 소유한 분들 상가도 정관을 만들면 아파트 입주권을 받을 수 있다. 또한 단지를 계획할 때 시장이 있는 경우는 스트리트 상가를 만들어 활성화 하는 방법도 있다.

예를 들어, 상가임대수익이 월 100만 원이라면 1년에 1,200만 원, 10년은 1억2천만 원인데, 아파트가 건축되면 프리미엄이 붙어서 고민할 필요도 없이 재개발에 찬성하는 것이 유리하다. 나 또한 추진위원장으로서 구역을 위해 공부하고 봉사를 하고 있다. 내 노력에 모두의 자산가치가 달려있고 주택 노후화로 인한 (주차난, 반지하의 위험성, 하수역류 등) 열악한 주거환경 개선이 시급하기 때문이다.

나는 재개발의 성공에 필요한 '1. 경험치 2. 전문성 3. 신속함 4. personal connections'을 통해 주민들의 동의를 얻기 위해 신뢰할 수 있는 많은 준비를 해왔다. 종합건축사무소 담 (서울 송파구 잠실2단지 리센츠 5563세대 도로변 상업시설과 초중고 전체 설계), 법무법인 산하 (강남·역삼 재개발 재건축 법률자문), 강남 테헤란 한국토지신탁 등과 협업을 부탁하여 재개발사업을 신속하게 추진하기 위하여 2022년 4월부터 수원시 도시 및 주거환경조례 제6조(정비계획 입안대상지역)에 조원동 741번지 일원이 재개발정비사업 요건에 부합하는지를 조사하였고, 노후불량건축물의 비율, 연면적의 비율이 수원시 재개발 요건에 가장 높게 충족하여 조원동 741번지 일원 재개발 추진구역의 사업성 분석과 조감도, 투시도 등을 의뢰했다. 그리고

2022년 11월 26일, 추진준비위 사무실을 개소하였고, 한국토지신탁사의 설명회를 진행하였다.

재개발사업은 수원시에서 여러 조건을 조사하여 기본계획을 수립 후 정비구역을 지정하는 방식이었으나, 2023년 1월 12일 수원특례시가 사업기간을 대폭 단축하여 재개발, 재건축 활성화 방안을 내놓았다. 최대 15년 이상 걸리는 사업 기간을 최소 5년, 최대 10년으로 단축한다는 계획으로, 이를 위해 주민이 원하는 시기에 원하는 구역을 정비구역으로 지정할 수 있도록 '정비예정구역 주민제안방식'을 도입한다고 밝혔다(출처: 2023년 1월 12일《경향신문》발췌). 현재 수원시에서는 2022년 10월 '2030 수원시 도시 및 주거환경정비기본계획 타당성 검토' 용역을 착수하였고, 이에 조원동 741번지 재개발추진준비위원회에서도 2022년 12월 15일 한국토지신탁과 업무협약(MOU)을 체결하였다.

토지 등 소유자들에게 '정비계획의 입안제안동의서' 징구를 위한 안내문과 동의서 양식을 발송 완료하여 수원시 2040 도시기본계획의 구역 지정 반영을 위해 동의서를 징구 중이다.

이처럼 동의서 제출만이 신속한 사업추진의 열쇠가 될 수 있다. 이후 사업단계별 진행이 된다면 관리처분 단계부터 사업이 완료되는 시점에는 조합원이 입주권(프리미엄)을 통해 더 큰 수익실현을 할 것으로 예상된다. 또한 사업 완료 후 입주할 계획이 아니라면 관리처분인가 전에 조합원 입주권의 프리미엄을 통해 수익을 실현할 수도 있다.

추진위 사무실 개소식

한국토지신탁 설명회

추진위원회 봉사활동

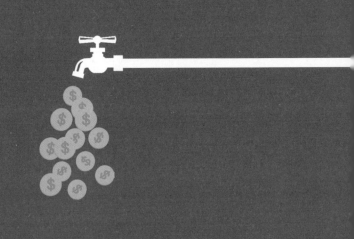

4장

소액투자 ②
: 성공률 높이는
소액 경매 노하우

수익률 2,500%, 아파트 낙찰

3억 1,230만 원 낙찰, 3억 1,000만 원에 임대

내가 경매를 공부하면서 처음으로 낙찰받은 수익률 2,500%의 사례는 수원13계의 사건번호 '2018타경511439(아파트)', 경기 용인시 수지구 죽전동 ○○-○ 현대 ○○○동 ○층 ○○○호이다.

2019년 1월 25일 첫 매각기일의 최초 감정가는 3억5,500만 원이었고, 1회 유찰(30% 저감)된 물건으로, 최저매각가격은 2억4,850만 원이었다. 2019년 3월 8일 13명이 입찰하였고, 3억 1,230만 원에 내가 낙찰을 받았다.

낙찰받고 3월 15일 매각허가결정과 3월 22일 매각허가결정의 확정 이후 2019년 3월 25일 입찰보증금을 제외한 잔대금을 납부하고 소유권을 취득하였다.

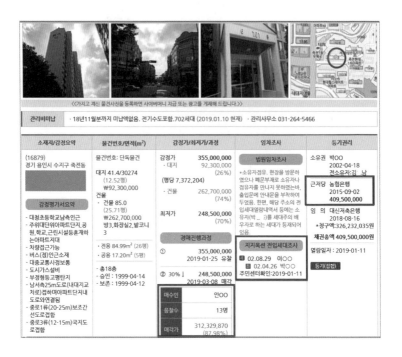

소재지/감정요약	물건번호/면적(m²)	감정가/최저가/과정	임차조사	등기권리
(16879) 경기 용인시 수지구 죽전동 **감정평가서요약** - 대청초등학교남측인근 - 주위대단위아파트단지,공원,학교,근린시설등혼재하는아파트지대 - 차량접근가능 - 버스(정)인근소재 - 대중교통사정보통 - 도시가스설비 - 부정형등고평탄지 - 남서측25m도로(대지대교차로)접하며아파트단지내도로와연결됨 - 중로1류(20-25m)보조간선도로접함 - 중로3류(12-15m)국지도로접함	물건번호: 단독물건 대지 41.4/30274 (12.52평) ₩92,300,000 건물 · 건물 85.0 (25.71평) ₩262,700,000 방3,화장실2,발코니3 · 전용 84.99m²(26평) · 공용 17.20m²(5평) - 총18층 - 승인: 1999-04-14 - 보존: 1999-04-12	감정가 355,000,000 · 대지 92,300,000 (26%) **(평당 7,372,204)** · 건물 262,700,000 (74%) 최저가 248,500,000 (70%) **경매진행과정** ① 355,000,000 2019-01-25 유찰 ② 30%↓ 248,500,000 2019-03-08 매각	**법원임차조사** ※소유자점유. 현장을 방문하였으나 폐문부재로 소유자나 점유자를 만나지 못하였는바, 출입문에 안내문을 부착하여 두었음. 한편, 해당 주소의 전입세대열람내역서 등에는 소유자(박 _ ?)를 세대주의 배우자로 하는 세대가 등재되어 있음. **지지옥션 전입세대조사** 🏠 02.08.29 이○○ 🏠 02.04.26 박○○ 주민센터확인:2019-01-11	소유권 박○○ 2002-04-18 전소유자:김 남 근저당 농협은행 2015-09-02 409,500,000 임 의 대신저축은행 2018-08-16 *청구액:326,232,035원 채권총액 409,500,000원 열람일자 : 2019-01-11 등기(집합)

매수인	안○○
응찰수	13명
매각가	312,329,870 (87.98%)

위 아파트를 낙찰받을 당시에는 용인지역은 투기과열지구가 아니라 LTV(주택담보대출비율) 규제가 없었고 낙찰가의 79.7%인 2억 4,900만 원을 대출받았다.

초기 투자된 금액은 7,380만 원(①+②+③+④-⑤)이었다.

① 낙찰가 3억1,230만 원, ② 취득세 450만 원, ③ 이사비용 100만 원, ④ 수리 비용 500만 원, ⑤ 대출금액 2억4,900만 원

전 소유자가 이사한 이후 500만 원으로 도배, 장판, 조명을 일부

교체한 다음 부동산중개사무소에 중개를 의뢰했으며, 3개월 뒤 3억1,000만 원(⑥)에 전세 임대하였고, 대출금액을 전액 상환하였다.

이렇게 해서 총 투자된 금액은 1,280만 원(①+②+③+④-⑥)이었다. 2022년 6월 아파트의 실거래 가격은 6억6,000만 원이고, 예상대로 매도한다면 3억1,000만 원의 전세보증금과 취등록세를 빼고 난 양도차액의 양도세율을 계산할 때 총투자금액 1,280만 원의 2,500%가 넘는 수익률이 예상된다. 이를 통해 수억 원의 투자금액이 아니더라도 경매를 통해 많은 수익을 얻을 수 있다는 것을 알게 됐고, 평범한 나도 경매를 통해 재테크를 할 수 있다는 자신감을 얻을 수 있는 계기가 되었다.

한편 용인 아파트를 낙찰받기까지의 과정은 다음과 같다.

평소 용인지역의 아파트에 관심을 가졌던 나는 용인시 수지구의 현O아파트가 경매에 나온 것을 보고 현장조사(임장)를 나갔다. 주변에 있는 부동산을 모두 방문하였다.

경매 물건은 주변 아파트 34평형 매매가에 비해 가격이 낮았고 전세 가격이 조금씩 상승하는 곳으로 낙찰을 받게 된다면 임대보증금을 받아 투자금액을 회수하고도 수익을 기대할 수 있는 지역으로 판단하여 입찰하기로 결정하였다.

입찰하기 위해서는 입찰참여자가 열람할 수 있는 법원의 여러 가지 서류 중 매각물건명세서를 기초하여 권리분석을 먼저 하여야 한다.

사건	2018타경511439 부동산임의경매		매각물건번호	1	담임법관(사법보좌관)	
작성일자	2019.02.18		최선순위 설정일자	2015.9.2.근저당권		
부동산 및 감정평가액 최저매각가격의 표시	부동산표시목록 참조		배당요구종기	2018.10.30		

부동산의 점유자와 점유의 권원, 점유할 수 있는 기간, 차임 또는 보증금에 관한 관계인의 진술 및 임차인이 있는 경우 배당요구 여부와 그 일자, 전입신고일자 또는 사업자등록신청일자와 확정일자의 유무와 그 일자

점유자의 성명	점유부분	정보출처 구분	점유의 권원	임대차 기간 (점유기간)	보증금	차임	전입신고일자.사업 자등록신청일자	확정일자	배당요구 여부 (배당요구 일자)
				조사된 임차내역 없음					

〈 비고〉

※ 최선순위 설정일자보다 대항요건을 먼저 갖춘 주택·상가건물 임차인의 임차보증금은 매수인에게 인수되는 경우가 발생할 수 있고, 대항력과 우선 변제권이 있는 주택·상가건물 임차인이 배당요구를 하였으나 보증금 전액에 관하여 배당을 받지 아니한 경우에는 배당받지 못한 잔액이 매수인에게 인수되게 됨을 주의하시기 바랍니다.

※ 등기된 부동산에 관한 권리 또는 가처분으로서 매각으로 그 효력이 소멸되지 아니하는 것	
해당사항 없음	
※ 매각에 따라 설정된 것으로 보는 지상권의 개요	
해당사항 없음	
※ 비고란	

위의 매각물건명세서에 기재된 내용에는 조사된 임차내역이 없고 가처분이나 지상권의 개요도 없으며, 비고란에도 어떠한 주의사항이 없는 것을 확인할 수 있다.

이는 경매사건에서 권리분석이 어렵지 않은 일반물건이다. 초보자는 처음에 낙찰받을 물건을 선택할 때 권리분석이 간단한 물건을 찾는 것이 좋다.

수원13계 사건번호 2018타경511439(아파트) 명도 에피소드

2019년 3월 8일 낙찰을 받은 용인시 수지구 죽전동 현○아파트. 입찰 전 매각물건명세서와 현황조사서, 당사자 내역서 및 송달내역서를 통해 해당 부동산에 거주하는 사람이 소유자임을 확인하였고 잔금 납부까지 하고 명도를 진행하는 과정에서 소유자를

만나기 전 내용증명을 발송하였는데 반송이 돼서 돌아왔다.

해당 부동산의 소유자가 일부러 안 받는 경우도 있었기에 다음 단계로 넘어갔다. 나는 낙찰대금을 납부하고 경매집행법원에 인도명령신청을 통해 결정문을 받았고, 상대방(소유자 겸 채무자)에게도 도달함을 확인하였으며 바로 계고신청(행정조치)을 하였다.

집행관 사무실에 계고신청을 하고 2주 후에 집행관에게서 연락이 왔다. 계고를 하기 위해서는 계고시 입회해야 하는 증인 두 사람이 필요하니 시간을 정하여 집행현장에서 만나자는 얘기였다. 계고할 때 나와 증인 두 명, 그리고 집행관이 경매사건 부동산(용인 아파트)의 현장에 방문하였는데, 여러 번 문을 두드렸지만 사람이 있음에도 불구하고 문을 열지 않아서 집행관들이 열쇠 수리공을 통해 직접 개문을 하였다.

문이 열리고 현장에 들어가 보니 소유자로 보이는 연세가 지긋하신 어르신이 계셨고, 강제로 개문한 것에 대해 언성을 높이셨다. 집행관이 강제 개문에 대하여 법적으로 문제가 없음을 고지하며 계고신청 절차를 진행하였다. 계고장에는 다음과 같은 내용이 기재돼 있었다. 낙찰받은 소유자에게 부동산을 인도하지 않는 경우, 2주 뒤에는 강제집행(집달리)를 할 수 있다는 내용이다. 계고 이후 며칠이 지난 후 소유자의 사위로부터 대신 연락이 왔다. 본인의 사업자금으로 장인이 담보를 제공했던 건데 일이 잘못돼서 경매로 넘어가게 된 과정이었다고, 이사할 말미로 5개월의 시간을 달라고 요청해왔다. 그렇게 장시간 줄 수 없다고 단칸에 거절했고, 여러 차례의 협상을 통해 한 달 반 정도의 시간을 주고 이사비용 100만 원으로 협의를 했다. 그리고 해당 부동산의 소유자가 협의한 날짜에 이사를 나가 명도가 마무리되었다.

명도가 끝난 후 기본적인(도배, 장판, 조명교체) 수리만 하였고 부동산중개사무소를 통해 바로 3억1,000만 원에 전세 계약을 할 수 있었다.

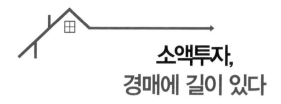

소액투자,
경매에 길이 있다

부동산 재테크, 그중에서도 경매는 일반 매매시장에 비해서 싸게 살 수 있고, 소액투자도 가능하다. 특히 무주택자가 주택을 구입하거나 또는 하급지에서 중급지나 상급지로 이주를 계획하는 사람이라면 더더욱 경매에 관심을 가져야 한다.

2022년 12월 현재 기준으로 경매 물건은 지역에 따라서 시세보다 적게는 20%에서 많게는 40%까지 떨어진 가격에서 낙찰이 가능하다. 금리가 올라 대출 부담을 걱정하는 사람들도 있겠으나, 경매를 통해 시세보다 싸게 낙찰을 받으면 오른 금리보다 더 많은 시세차익도 기대할 수 있다. 대학을 졸업하고 직장을 다니면서 얻는 노동 수입으로는 서울, 수도권에 집 한 채를 사기도 어려운 세상이다. 주식이나 채권 가상화폐 투자는 외부적인 요인이 많아 자산을 불린다는 것도 쉬운 일이 아니다.

나는 자영업을 하면서도 병행할 수 있고 투자하면서 바로 어느 정도는 수익을 기대할 수 있는 재테크를 방법을 찾았다. 그것은 오직 경매뿐이었다. 내가 직접 해보면서 느낀 경매는 어렵지 않았고 수익도 많았다. 물건을 낙찰받으면서 월세를 받는 물건도 생겼고 매도하여 자본 수익을 얻은 물건으로 삶의 여유도 생겼다. 경매를 몰랐을 때, 그리고 경매를 시작한 이후 내 삶의 모습은 180도 달라졌다. 경매는 돈이 많아야 한다고 생각하는 사람도 있다. 그러나 돈이 적어도 할 수 있는 입찰에 도전할 수 있는 물건은 많다. 돈이 많으면 위치, 교통, 학군이 좋고 주변의 개발사항이 있는 곳에 투자하겠지만, 돈이 적으면 적은 대로 수익을 낼 수 있는 지역을 찾아 투자하면 된다.

실제 소액투자로 경매 낙찰가 만큼의 전세를 놓아 전세금으로 투자금을 모두 회수한 무피투자도 있고, 낙찰가보다 더 많은 전세금을 받은 플러스피 투자도 있다. 이런 물건은 경매시장에 생각보다 많다.

나 역시 초기 낙찰금이 들어갔다가 돈이 다 회수되는 무피투자와 돈이 더 들어오는 플러스 투자 경험을 여러 번 했다.

2022년 2월 서울 강북구 수유동에 있는 빌라였는데 1억1,300만 원에 낙찰을 받아서 저소득층이나 차상위 계층에게 저렴한 가격에 전세자금을 빌려주는 LH(토지주택공사)에 1억4,000만 원에 전세 계약을 해서 돈을 회수하니 취득세와 도배, 장판 시공비용을 공제하고도 2,000만 원이 더 생긴 것이다.

또 같은 해 3월, 수유동에 1억8,200만 원에 낙찰을 받아 2억 3,000만 원에 전세를 놓아 비용(취득세. 도배, 장판 시공)을 빼고도 4,000만 원을 더 회수한 플러스피 투자도 있었다. 위 두 사건에 대해서는 이 책의 5장 실전 사례에서 설명하도록 하겠다.

그 이후로도 시세의 70%에 작은 연립주택과 다세대주택을 낙찰받았고 주택담보대출과 보험 약관대출을 이용하여 잔대금을 납부하고 전세를 놓아 무피투자와 플러스피 투자를 할 수 있는 물건들로 자산과 자본금도 불려 나갈 수 있었다.

처음 경매로 낙찰을 받을 때 대출에 대한 두려움도 가질 수 있겠으나 크게 염려할 필요는 없다. 낙찰을 받고 대금을 납부한 다음 소유권 이전을 하고 명도 절차를 거쳐 경매부동산에 거주하는 사람을 내보내면 전세를 놓을 수 있는 환경이 된다.

전세를 놓아 대출을 갚으면 아무 문제가 되지 않는다. 전세가 들어올 때까지 몇 개월간 은행 이자를 납부할 수만 있으면 된다. 돈을 벌기 위해서는 내 돈으로만 하는 것이 아니라 남의 돈(대출)을 적절하게 활용해야 한다. 현재 부동산 시장은 경기가 좋지 않으나 경매시장은 물 반 고기 반이라고 생각해도 좋을 만큼 실수요자나 투자자에게는 매우 좋은 시장이다.

2023년 1월, 서울 관악구 봉천동의 다세대 물건은 감정가 3억 1,000만 원의 41%인 1억2,700만 원의 최저매각가격으로 입찰을 시작했다. 인근 지역 비슷한 규모의 대지지분과 전용면적, 건축 연도의 실거래 사례는 2억7,000만 원으로 떨어져 거래된 가격을 감안하면 시세의 절반도 되지 않는 금액이다. 봉천동 경매 물건의 2022년도 공시가격은 1억5,400만 원으로 LH나 SH, 또 중소기업청의 전세보증금 대출 실행금액은 공시가격의 140%인 2억1,500만 원까지 가능하다. 낙찰을 직전 최저가격의 51%인 1억5,800만 원에 받아 전세를 2억에만 놓는다고 해도 4,000만 원의 플러스피 투자가 가능한 물건이다. 이처럼 서울에도 얼마든지 플러스피 투자를 할 수 있는 물건들은 있다.

나는 가진 돈이 더 적은데 경매를 할 수 있을까를 고민하는 사람도 있을 것이다. 그것도 걱정할 필요 없다. 가지고 있는 자본이 적으면 서울이 아닌 수도권에서 경매 물건을 찾아보면 된다. 경기도 빅4(하남, 성남, 과천, 광명)가 안 되면 수원, 안양, 군포, 부천, 인천 지역으로 투자처를 넓히면 된다. 거기서부터 투자를 통해 수익을 내고 차츰 서울과 가까운 곳으로, 그리고 노도강(노원구, 도봉구, 강북구), 금관구(금천구, 관악구, 구로구)로 진입해 최종 목표를 마용성(마포구, 용산구, 성동구)과 강남 4구로 입성하는 것으로 생각하고 투자를 해야 한다.

현재 부동산 시장은 2008년 금융위기 때의 시장과 비슷한 부분이 많다. 2008년 8월 7일 한국은행의 기준금리는 5.25%로 2022년 11월 24일 3.25%보다 높았다.

당시에도 일반 부동산 시장은 안 좋았으나 경매시장은 시세보다 30~40% 싸게 물건을 낙찰받을 수 있었다. 남들이 대출금리 공포에 휩쓸려서 몸을 사리고 있을 때 일반시장이 아닌, 부동산 할인 마켓인 경매시장을 통해 부동산 투자를 적극적으로 해야 한다.

내 주변에 부동산경매로 부자가 된 사람들은 모두 부동산 침체기에 투자를 통해 자산과 자본을 축적했다. 많게는 금융위기 때 부동산 경매에 투자하여 자본이 10배까지 오른 사람도 있다. 남들이 투자하지 않을 때, 어렵다고 할 때, 그때 공부를 통해 부동산 지식을 습득하고 현장조사를 통해 시장 상황을 분석하며 꾸준하게 자신의 목표 수익률을 정해놓고 입찰하면 분명 좋은 가격으로 낙찰도 받게 되고 수익도 올리게 된다.

뭐든 시작이 중요하다. 혼자가 두려우면 인생의 부동산 투자 멘토를 만나야 한다. 배운 것이 맞는지 멘토에게 피드백을 받고 잘못된 것은 수정해 가면서 자신만의 투자원칙을 만들어야 한다. 나 자신에게 비용을 투자해야 한다. 오늘 배워서 오늘 당장 쓸 수 없는 공부가 아닌, 당장 쓸 수 있고 돈도 벌 수 있는 공부에 투자해야 한다. 절실하다면, 절박하다면, 그리고 나도 남들처럼 잘살고 싶고 마음속 저 어딘가에서 현실에서 오는 답답함이 있고 화가 난다면 경매 공부에 집중하길 바란다. 분명 그 속에 당신의 삶을 바꿀 수 있는 길이 보인다. 그게 내게는 경매였다.

대다수의 사람들은 막연하게 경매가 위험하다고 생각한다. 그러나 경매의 기본구조만 알면 경매만큼 안전하고 수익률도 높은 재테크는 없다. 노동 수입으로는 부자가 될 수 없다는 것을 우린 이미 알고 있다. 그렇다고 본업 이외에 달리 할 수 있는 일도 많지 않다. 해봐야 단시간 아르바이트가 전부다. 그래가지고는 추가 수입을 얻는 데 한계가 있다. 그러나 부동산 경매투자는 투입한 시간과 노력을 들이는 시간에 비해 수익이 월등하게 높다. 내가 낙찰받은 수유동 사례(플러스피 투자) 만 봐도 알 수 있다.

나는 플러스피 투자로 자본금을 더 회수하면 그 돈으로 다시 경매 물건을 낙찰받아 자산을 늘려나갔다. 단, 내가 감당 할 수 있을 물건만 낙찰을 받았고 절대 욕심을 내지 않았다. 경매 초보자는 경매 물건을 낙찰받기 위해 대법원 경매정보 외에 좀 더 자세한 정보를 볼 수 있는 유료정보를 가입해서 참고하는 것이 좋다. 현장 조사 전 간접적으로 얻을 수 있는 정보들이 많다. 유료정보를 통해 길에서 허비하는 시간과 비용을 줄이고 입찰자가 확인해야 할 내용만 파악하면 직장생활이나 자영업을 하면서도 돈이 되는 경매 재테크를 할 수 있다.

경매란
정확히 뭘까?

일반적인 부동산 거래는 매수인과 매도인의 의사표시로 계약이 성립하나 법원경매는 다수의 매수 희망자에게 입찰하게 하고 그 중 최고가격으로 입찰한 사람(최고가매수신고인, 낙찰자)에게 법원이 매도의 승낙(매각허가결정)을 함으로써 이루어지는 경쟁 입찰방식을 의미한다.

우리나라는 채권자의 자력구제를 인정하지 않으며 채권을 변제받기 위해서는 국가구제 즉, 적법한 절차에 의한 법원경매나 한국자산관리공사의 공매를 통해야 한다.

법원경매는 채권자가 금전채권을 변제받기 위하여 채무자나 물상보증인(채무자와 소유자가 다른 경우)의 부동산을 법원에 경매신청하여 법원이 그것을 강제적으로 매각하는 방법이다.

한편 법원경매에는 강제경매와 담보권실행을 위한 임의경매가 있다.

강제경매는 채권자가 채무자에게 금전을 빌려주었으나 채무자가 금전을 갚지 않았을 경우에 채권자가 채무자 소유의 부동산에 가압류를 하고 이후에 민사소송을 통해 승소한 판결문으로 법원에 경매를 신청하여 채무자의 부동산을 강제 매각하여 채권을 변제하게 하는 것이다.

임의경매는 금융기관이나 개인이 근저당권, 저당권, 담보가등기(=가등기 담보), 전세권 등의 담보물권자가 법원에 경매를 신청하는 것이고, 담보권실행을 위한 경매이다.

강제경매와 임의경매는 경매개시결정부터 매각에 따른 소유권 이전까지 동일한 절차로 진행이 되고, 일반매매와는 다르게(일반매매는 등기한 때가 소유권 취득시기이다) 소유권 취득시기는 매수인이 매각대금을 법원에 완납한 때가 된다.

경매 진행 절차

법원은 채권자의 강제경매나 임의경매 신청이 적법하다고 인정되면 부동산을 압류하고 ① 소유자 및 채무자에게 경매개시결정을 송달한다. ② 채권자들이 배당요구를 할 수 있는 기간을 정하여 경매개시결정 취지와 배당요구 종기일을 공고한다. ③ 매각을 위한 준비 절차로 집행법원은 집행관에게 현황조사(부동산 점유관계 조사)를 명하고, 감정평가사를 통해 소유자 및 채무자의 부동산 가치를 평가하여 최저매각가격을 결정하고 이를 공고한다. ④ 매각기일과 매각결정기일을 지정하면 소유자 및 채무자, 채권자, 임차인 등에게 등기우편으로 이를 통지 한다. ⑤ 매각기일에 최고가매수신고인(낙찰자)이 있으면 입찰절차를 종결한다. ⑥ 매각허가결정후 7일 이내 이해관계인의 즉시항고가 없으면 매각허가결정을 확정하고 최고가매수신고인(낙찰자)에게 대금을 납부하라는 통지서를 발송한다. ⑦ 최고가매수신고인(낙찰자)은 입찰 시 납부한 입찰보증금을 제외하고 잔대금을 납부하면 등기 전에 소유권을 취득하게 된다. 이후 소유권을 취득한 낙찰자는 해당 부동산에 거주하는 소유자나 채무자 또는 임차인을 내보내는 명도를 진행하면 된다.

경매의 목적은 수익이다

경매는 일반 매매시장에서는 살 수 없는 가격의 부동산을 할인마켓(법원경매)을 통해 싸게 낙찰받을 수 있는 시장이다. 싸게 낙찰받을 수 있어 그만큼 수익은 더 커진다. 예를 들어, 5억짜리 아파트를 4억에 낙찰받아 전세보증금 3억을 받고 1억을 투자했다고 하자. 이를 5억에 판다면(양도세 비과세) 투자금 1억 원 대비 수익은 1억 원이며 수익률은 100%이다. 한 번의 투자로 1억 원의 수익을 얻었으니 괜찮은 투자이다. 그러나 자본금이 적다고 하여 투자를 못 하는 것은 아니다. 더 적은 자금으로도 수익률을 높이는 방법은 많다. 경매에는 무피투자나 플퍼스피 투자도 많기 때문이다. 무피투자나 플러스피 투자는 수익률이 수백 퍼센트가 넘는 경우가 많다.

나의 실전 사례에서만 보더라도 투자금 대비 수익률이 500%, 1,000% 물건도 많다. 내가 낙찰받은 1억 원 다세대 물건도 9,000만 원에 전세를 놓고 1,000만 원을 투자해 2년 뒤 1억 5,000만 원에 매도하였고 양도소득세로 700만 원을 뺀 4,300만 원이 수익으로, 투자금 1,000만 원 대비 수익률은 430%였다. 1억을 투자해서 1억을 번다면 100%의 수익이지만 1,000만 원을 투자하여 4,300만 원을 벌면 430% 수익이 된다.

이처럼 경매를 오래 하다 보면 자기만의 투자 방법이 생기게 된다. 즉, 자기에게 맞는 물건에 집중하게 된다. 패찰을 두려워하거나 낙담하지 말길 바란다. 경매를 통해 부를 일군 사람들은 모두 패찰을 자연스럽게 받아들이며, 다음 물건을 기다리고 새로운 입찰을 준비한다.

정보는 어디서 얻을까?

대법원경매정보 사이트에서 경매 물건을 검색해서 볼 수 있으나 나는 유료 경매정보 사이트를 추천한다. 대법원 경매정보는 초보자가 보기에 조금 불편하고, 정보의 가치도 떨어지며, 기본정보만을 제공할 뿐이라 잘 보지 않게 된다. 그에 비해 유료정보 사이트는 정보의 양과 질이 일목요연하게 정리가 돼 있어 초보자도 쉽게 볼 수 있다.

유료정보를 보기 위해서는 이용료를 내야 하나, 낙찰받아 수익을 얻는 것에 비하면 아주 적은 금액이다. 이 정도도 투자하기를 아까워한다면 굳이 경매를 할 필요가 있을지 싶다.

유료정보를 제공하는 사이트는 많다. 그중 자기에게 맞는 사이트를 이용하면 된다. 나는 개인적으로 지지옥션을 이용한다. 내 물건 정보도 모두 지지옥션에서 가져온 것이다. 물론 나는 지지옥션과는 이해관계가 전혀 없다. 일반 이용자일 뿐이고 지지옥션을 통해 입찰 정보를 얻고 있는 경매투자자일 뿐이다.

유료정보 사이트에서는 대법원 경매정보의 기본 자료 외에도 권리분석 내용, 배당 예상 내역, 최근 낙찰사례, 낙찰가율 및 낙찰률도 한눈에 볼 수 있다. 서울 및 수도권만 열람한다면 지지옥션의 경우 한 달에 9만 원 이하로, 얻는 정보에 비해 이용료는 비싸지 않다. 나는 정보이용료로 1년에 100만 원 남짓 쓰고, 대신 1년에 1억 원을 벌 생각을 먼저 한다.

빠르고 정확한
경매공부 하기

경매에 입문하기 위해서는 경매 절차상의 경매용어를 아는 것이 매우 중요하다. 경매용어라고 하면 딱딱하고 어렵게 느껴질 수도 있으나, 막상 읽어보면 경매에 입찰하기 위해서 알아야 할 용어들이 많지도 않고 별거 아니라는 것을 쉽게 알 수 있다.

다음은 경매에서 많이 쓰이는 용어이다.

01. 각하 : 경매 절차상 이해관계인이 제기한 항고가 형식적인 요건을 갖추지 않은 경우 법원이 심리를 하지 않고 배척하는 것을 의미한다.

02. 기각 : 이해관계인이 제기한 항고 내용이 경매 절차상 법적 항고 내용에 부합하지 않아 배척하는 것을 의미한다.

03. 정지 : 경매 물건을 보다 보면 정지라는 문구를 접하게 된다. 이는 이해관계인의 신청에 의해 경매 절차를 잠시 중단하는

것으로, 소송이 제기되거나 경매사건 자체에 이의를 제기하여 다툼이 있을 때 정지가 된다.

04. 취소 : 경매를 신청한 주된 원인(채권의 변제)이 소멸된 경우, 또는 매각된 가격으로 채권자가 배당받을 실익이 없을 때(무잉여) 법원이 경매개시결정을 취소한다.

05. 취하 : 채무자가 채권자에게 채권을 변제하고 이에 경매를 신청한 채권자가 경매신청을 철회하는 것을 의미한다.

06. 이해관계인 : 경매사건 부동산의 소유자, 채무자, 지분을 갖는 공유자, 임차인, 세금체납의 경우 국가나 지자체 등으로, 등기부에 기재된 권리자와 기재되지 않은 권리자 모두를 포함한다.

07. 소제(말소)주의 : 등기부등본상의 말소기준등기를 기준으로 부동산의 권리나 임차인의 권리가 매각을 통해 소멸하는 것을 말한다.

08. 인수주의 : 등기부등본상의 말소기준등기를 기준으로 부동산의 권리나 임차인의 권리, 기타 등기부상에 기재되지 않은 권리 등이 매각으로 소멸하지 않고 낙찰자가 낙찰대금 외 추가로 인수해야 하는 권리를 뜻한다. 이런 물건은 대부분 특수물건으로 초보자는 입찰을 하지 않아야 한다.

09. 새매각 : 매각기일 최고가매수인이 결정되지 않아 새로운 매각기일을 지정하여 경매를 실시하는 것을 말한다.

10. 재매각 : 매각기일 최고가매수신고인이 결정되었으나 대금

지급기한까지 대금을 미납한 경우 매각기일을 새롭게 지정하는데, 이를 재매각이라 한다. 재매각의 사유는 여럿 있겠으나 권리분석을 잘못한 경우가 많다. 즉, 인수할 권리를 뒤늦게 안 경우이다.

11. 당해세 : 경매사건 부동산에 부과된 국세와 지방세 및 가산금으로, 말소기준권리보다 우선배당을 받게 된다.

12. 대항력 : 임차인이 대항력이 있다는 것은 계약기간 동안 계속해서 거주할 수 있는 권리와 보증금 전액을 배당받을 권리이다.

13. 매각물건명세서 : 집행법원의 판사는 집행관을 통하여 매각물건의 현황조사를 실시하게 하고 이를 바탕으로 매각물건명세서를 작성하여 입찰자가 열람할 수 있게 한다. 매각물건명세서에는 부동산의 표시, 임차인의 점유관계, 보증금, 차임, 매각으로 소멸하지 않는 권리 및 주의사항을 기재한다. 입찰자는 매각물건명세서만 잘 확인해도 입찰 실수를 줄일 수 있다.

14. 배당요구종기일 : 매각물건명세서 우측 상단에 보면 배당요구종기일이 표시된다. 이는 이해관계인들에게 권리신고 및 배당신청을 정해진 날짜까지 하라는 것이다.

15. 인도명령 : 낙찰자가 대금을 완납하면 소유권자로 바뀌며 이때부터는 경매사건 부동산에 거주하는 소유자, 채무자, 대항력 없는 임차인을 대상으로 부동산을 인도받아야 한다.

그때 소유자가 법원에 부동산을 인도받기 위해 신청하는 절차를 말한다.

16. 인도소송 : 대항력 있는 임차인이 배당을 받았음에도 불구하고 부동산을 소유자에게 인도하지 않는 경우 법원에 소송을 제기하는 것을 말한다.

17. 상계 : 경매사건 부동산의 임차인이나 채권자가 매수인이 되는 경우 입찰보증금을 제외한 입찰 대금에서 자신이 배당받을 금액만큼을 제외하는 것을 의미한다. 상계신청은 매각결정기일이 끝날 때까지 신고해야 한다.

18. 공유자 우선 매수신청 : 경매사건 중 지분경매 물건이 나오는 경우 공유지분을 가지고 있는 공유자가 최고가매수신고가격과 같은 가격으로 지분을 인수하겠다는 것을 말한다.

19. 농지취득자격증명 : 농지를 취득하고자 하는 사람은 농지 소재지를 관할하는 시, 군, 구, 읍, 면장으로부터 농지취득자격증을 발급 받아 매각허가결정기일까지 법원에 제출하여야 하며 제출하지 못한 경우에는 입찰보증금을 몰취 당하게 된다.

20. 법정지상권 : 양당사자 간의 약정에 의한 지상권이 아닌 법정지상권은 법률 규정에 의해 성립하는 지상권으로, 저당권이나 근저당권설정 시 토지와 건물이 동일인 소유였다가 경매 등 기타 사유로 토지와 건물의 소유자가 달라진 경우 건물소유자에게 토지 사용권을 인정하는 제도로, 이는 등기를 요하지 않는다.

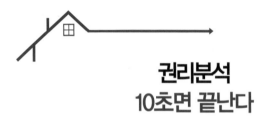

권리분석
10초면 끝난다

경매에서 초보자가 어려워하는 부분이 권리분석이다. 그러나 권리분석은 몇 가지만 주의하면 생각보다 쉽다. 법에서 위험하다고 경고하는 물건은 처음부터 입찰하지 않으면 된다. 소위 특수물건이라고 하는 것들은 초보자가 접하기에는 다소 무리가 있으니 일반적으로 권리분석이 복잡하지 않은 물건에 입찰하여 경험을 쌓아가는 것이 중요하다. 혹자는 일반적인 물건은 응찰자가 많아 낙찰받기 어렵다고 생각하나, 내 경험에 비춰보면 낙찰받기 어려운 것이 아니라 꾸준하지 못해 중간에 포기하는 경우가 더 많다. 꾸준하게 입찰하여 1년에 2건만 낙찰받는다면 연봉만큼은 수익을 낼 수 있는 재테크는 경매밖에 없다.

그럼 권리분석은 어떻게 해야 하는 걸까? 앞에서도 이야기했듯이 권리분석은 매우 간단하고 쉽다. 경매에서 가장 많이 언급되는 단어는 '말소기준등기' 또는 '말소기준권리'이다. 둘은 같은 말이다. 이는 경매 용어 중 하나로 민사집행법상의 법률용어는 아니다. 다만 실무에서는 가장 많이 사용되는 단어이다. 권리분석은 이 말소기준등기를 기준으로 또는 중심으로 낙찰자가 낙찰대금 외 인수할 권리와 인수하지 않을 권리로 구분된다. 또 소유권 이전 뒤 경매사건 부동산에 거주하는 사람에 대해 명도 방법이 인도명령이냐 인도소송(=건물 명도소송)이냐로 달라진다. 그렇다면 경매 절차상 말소기준등기는 법률용어가 아니기 때문에 달리 표현되어야 하는데 그것이 바로 매각물건명세서상의 최선순위 설정(등기)이다. 실무상에서는 '말소기준등기(=권리)'와 '최선순위설정(등기)'는 같다고 생각하고 권리분석을 하면 된다.

말소기준등기가 될 수 있는 권리는 총 7가지로 다음과 같다.

	권리	내용
1	압류	국세나 지방세를 체납
2	가압류	개인 간의 금전거래 → 가압류 후 민사소송을 통해 승소 후 본 압류를 통해 채권액을 확정하게 된다. 이자 비용은 별도
3	저당권	채무자가 담보로 제공한 부동산에 대하여 저당권 설정. 등기부등본에 채권액으로 기재하고 이자, 변제 시기, 지급장소 등도 기재하거나 또는 별첨 서류를 작성하는 경우도 있음
4	근저당권	금융기관이나 개인에게서 대출할 때 근저당권을 설정 •등기부등본에 채권최고액으로 기재 : 원금 1억 원을 빌릴 때, •1금융은 1억2천(원금의 120%), •2금융은 1억3천(원금의 130%)을 근저당권으로 설정한다.

5	담보가등기	법률 명칭은 「가등기담보 등에 관한 법률」 제12조 9 경매의 청구): 이 경우 경매에 관하여는 담보가등기권리를 저당권으로 본다. 경매가 시작되면 담보가등기는 저당권화된다. 즉, 돈 받을 권리가 된다.
6	경매개시결정기입등기	강제경매개시결정등기(압류의 효력이 있다), 담보권 실행을 위한 임의경매를 신청(접수)
7	전세권	전세권이 말소기준등기가 되려면 다음과 같은 조건을 충족해야 한다. 첫째, 건물 전체에 대하여 설정하고, 둘째, 전세권자가 배당신청을 한 경우 또는 전세권자가 임의경매를 신청한 경우이다.

※ 말소 기준 권리에 해당하는 권리가 여러 개 있을 경우 : 등기부등본상 접수일자가 빠른 것이 말소기준등기가 된다. 동일한 접수 일자가 있는 경우에는 접수번호 빠른 것이 말소기준등기가 된다.

등기부상 갑구, 을구에서의 우선순위

| [갑구] (소유권에 관한 사항) |

순위번호	등기목적	접수	등기원인	권리자 및 기타사항
1	가압류	2019년 10월 2일 제2651호	2019년 9월 27일 서울북부지방법원 가압류 결정	채권자 甲
2	가등기	2020년 1월 26일 제3200호	2020년 1월 23일 매매예약	채권자 乙
3	가처분	2020년 8월16일 제5800호	서울북부지방법원 가처분 결정	가등기권자 丙

권리분석

① 등기부상 같은 갑구에서 권리자 간 우선순위는 순위번호가 기준이 된다.

② 최선순위설정(=말소기준등기)은 2019년 10월 2일 접수한 가압류로 매각이 되면 후순위 가등기와 가처분등기는 모두 말소되고 낙찰자 인수사항이 없다.

| [을구] (소유권 이외의 권리에 관한 사항) |

순위 번호	등기목적	접수	등기원인	권리자 및 기타사항
1	근저당권	2019년 10월 2일 제2650호	2019년 10월 2일 우리은행 설정계약	근저당권자 A
2	전세권	2020년 4월 11일 제3241호	2020년 4월 10일 설정계약	전세권자 B
3	지상권	2020년 5월 5일 제4820호	2020년 5월 2일 설정계약	지상권자 C

권리분석

① 등기부상 같은 을구에서 권리자 간 우선순위도 순위번호가 기준이 된다.

② 최선순위설정(=말소기준등기)은 근저당권으로 매각이 되면 후순위 전세권과 지상권은 모두 말소되고 낙찰자 인수사항은 없다.

이를 총합하면 위 갑구의 말소기준등기는 가압류이고 을구의 말소기준등기는 근저당권이며, 이 둘의 접수일자는 2019년 10월 2일로 동일하다. 하지만 을구의 근저당권의 접수번호 제2650호가 갑구의 가압류 접수번호 제2651호보다 빨라 이 물건의 최종말소기준등기는 근저당권이 된다.

말소기준등기의 의미

첫째, 권리분석을 할 때 말소기준등기보다 임차인이 먼저 전입했는지 즉, 임차인이 대항력이 있는지 여부에 따라 낙찰대금 외 임차인의 보증금을 낙찰자가 추가로 인수해야 하는지, 인수하지 않아도 되는지 판단기준이 되고, 둘째, 소유권 이전 후 경매 물건에 거주하고 있는 소유자, 채무자, 점유자, 대항력 없는 임차인, 대항력 있는 임차인을 내보낼 때 인도명령대상자인지 또는 인도소송(= 건물명도소송) 대상자인지 판단기준이 되며, 셋째, 말소기준등기보다 먼저 접수된 등기 또는 말소기준등기보다 늦게 접수된 등기를 낙찰대금 외에 낙찰자가 추가로 인수해야 하는지, 인수하지 않아도 되는지 판단기준이 된다.

먼저 말소기준등기의 첫 번째 의미를 해석하기 위해서는 임차인의 대항력의 개념을 이해해야 한다. 임차인이 대항력이 있다는 의미는 임대차계약 기간 동안 계속해서 거주할 수 있는 권리와 보증금을 전액을 반환받을 때까지 거주할 수 있는 권리를 의미하는 것으로, 임차인의 대항력 발생 시점에 따라 대항력 유무가 달라진다. 임차인의 대항력 발생 시점은 「주택임대차보호법」 제3조에 의거, 임차인이 주택의 인도와 주민등록을 마친 다음날 오전 0시가 된다. 이것이 말소기준등기일자와 임차인의 대항력 발생일자를 비교하는 행위의 첫 번째 의미이다.

임차인의 대항력 발생일자가 말소기준등기일자보다 빠르면 임차인은 대항력이 있고 낙찰자가 임차인의 보증금을 전액 또는 일부를 인수하여야 한다. 그리고 임차인의 대항력 발생일자가 말소기준등기일자보다 늦으면 임차인은 대항력이 없는 것으로 인정되어 낙찰자가 인수하지 않아도 된다. 이를 표로 정리하면 다음과 같다.

⊙ 임차인 甲 2022년 8월 30일 전입신고 대항력 발생 시점 8월 31일 오전 0시 ▶ 대항력 있음	이전	❖ 말소기준등기 매각물건명세서에서 확인 2022년 8월 31일 근저당 설정 등기소 접수시간 (오전 9시~오후 6시)	이후	⊙ 임차인 乙 2022년 9월 4일 전입신고 대항력 발생시점 – 9월 5일 오전 0시 ▶ 대항력 없음 ⊙ 임차인 丙 2022년 8월 31일 전입신고 대항력 발생시점 – 9월 1일 오전 0시 ▶ 대항력 없음

다음으로 말소기준등기가 두 번째로 의미하는 바는 소유권 취득 후에 경매사건 부동산에 거주하는 소유자, 채무자, 점유자, 대항력 없는 임차인, 대항력 있는 임차인에게 명도를 받기 위한 절차이다.

기준	말소기준등기 2022.8.31.(근저당)	
	◀ 인도소송기간 6개월 소요	인도명령신청 1개월 소요 ▶
대항력 / 보증금	• 임차인이 대항력이 있는 경우 • 임차인이 배당을 안 받을 때 　–낙찰자 인수 임차인이 배당을 받았을 때, • 전액배당 받으면–인수사항 없음 • 일부배당 받으면–낙찰자가 일부 인수	• 임차인이 대항력이 없는 경우 • 낙찰자 인수사항 아님

임차인이 대항력이 있고 배당요구종기일까지 배당을 신청하여 낙찰대금에서 보증금 전액을 배당받으면 낙찰자가 낙찰대금 외에 추가로 인수할 사항은 없고 임차인이 보증금 중 일부 배당을 받지 못하면 낙찰자가 임차인이 배당받지 못한 금액만큼 인수해야 한다. 임차인이 대항력이 없는 경우에는 낙찰자가 임차인의 보증금을 인수하는 일은 없다.

기준	말소기준등기 2022.4.15(근저당)	
	• 말소기준등기보다 먼저 접수된 등기 • 낙찰자 인수사항 발생	• 말소기준등기보다 늦게 접수된 등기 • 낙찰자 인수사항 아님
원칙	① 지상권 ② 지역권 ③ 전세권 ④ 처분금지 가처분 ⑤ 소유권 이전청구 가등기 ⑥ 전 소유자의 가압류 ⑦ 환매등기(부동산의 환매기간-5년) ⑧ 예고등기(소유권말소, 저당권말소) ⑨ 임차권등기 ⑩ 유치권 ⑪ 법정지상권(분묘기지권)	
예외	**(1) 선순위 전세권이 말소기준등기가 되는 경우**	**(2) 후순위 등기 중 말소되지 않는 경우**
	1과 2-1 or 1과 2-2인 경우 **1. 전세권이 건물 전체에 대하여 설정되었을 때** **2-1** 전세권자가 배당을 신청한 경우 ・ **2-2** 전세권자가 임의경매 를 직접 신청한 경우	❶ 건물철거 및 토지인도청구권에 의한 가처분등기 (2013.9.4.) ❷ 예고등기 (2016.8.4.) ❸ 임차권등기 (2019.8.10.) • 등기부등본상 전입신고일자 가 말소기준등기보다 빠르면 인수 ❹ 유치권 ❺ 법정지상권

마지막으로 말소기준등기가 세 번째로 의미하는 바는 말소기준

등기보다 먼저 접수된 등기, 또는 말소기준등기보다는 늦게 접수됐으나 낙찰대금 외에 낙찰자가 추가로 인수해야 하는 권리에 대한 내용이다. 이런 내용이 기재된 물건은 입찰하지 않아야 한다.

말소기준등기일자보다 먼저 접수된 ①~⑨의 등기는 등기부등본에 기재돼 있고 ⑩ 유치권, ⑪ 법정지상권은 신고한 경우 매각물건명세서 비고란에 기재 된다. 이는 낙찰자 인수사항이다. 예외적으로 선순위 전세권이 위와 같이 조건을 충족하면 선순위 전세권이 말소기준등기가 된다. 다음으로 후순위 등기 중 말소되지 않는 예외 ❶, ❷, ❸, ❹, ❺는 낙찰자 인수사항으로 입찰하지 않아야 한다.

매각으로 소멸하지 않는 권리에 대한 내용은 다음과 같다.

1) 지상권 :「민법」제279조, 지상권자는 타인의 토지에 건물 기타 공작물이나 수목을 소유하기 위하여 그 토지를 사용하는 권리가 있다.

2) 지역권 :「민법」제291조, 지역권자는 일정한 목적을 위하여 타인의 토지를 자기 토지의 편익에 이용하는 권리가 있다.

3) 전세권 :「민법」제303조 ① 전세권자는 전세금을 지급하고 타인의 부동산을 점유하여 그 부동산의 용도에 좇아 사용·수익하며, 그 부동산 전부에 대하여 후순위권리자 기타 채권자보다 전세금의 우선변제를 받을 권리가 있다. 〈개정 1984.4.10.〉 ② 농경지는 전세권의 목적으로 하지 못한다.

4) 처분금지가처분 : 채무자가 재산을 제3자에게 양도하는 것을 막기 위하여 처분을 금지시키는 방법이다. 낙찰자가 소유권 이전등기를 하더라도 가처분에 대한 소송에서 채권자가 승소를 하는 경우 낙찰자는 소유권을 잃게 된다.

5) 매매예약가등기 : 매매과정에서 발생할 수 있는 위험을 막고 (채권 압류 등) 원활한 소유권 이전을 위하여 등기순위를 확보하기 위한 수단이다.

6) 임차권등기 : 임대차 기간이 종료하였으나 임대인이 보증금을 반환하지 않은 경우 임차권등기를 할 수 있다. 경매가 진행되는 경우 임차인이 배당받지 못한 금액은 낙찰자 인수사항이다.

7) 전소유자의 가압류 : 말소기준등기일자보다 전 소유자의 가압류일자가 빠른 경우 매각물건명세서상에 전 소유자의 가압류는 매각으로 소멸한다는 내용이 없다면 낙찰자가 인수해야 한다.

8) 환매등기 : 채무자가 채권자에게 금전채권을 차용하면서 부동산의 소유권을 이전하고 약정기간 내에 채무를 변제하면 부동산의 소유권을 다시 찾아올 수 있는 권리이다. 부동산의 환매기간은 최대 5년이다.

9) 예고등기 : 부동산에 대하여 소송이 진행 중이라는 것으로 예고등기가 돼 있는 물건을 낙찰받더라도 소송을 제기한 원고가 승소를 하는 경우 낙찰자는 소유권을 잃을 수 있어 입

찰을 피해야 한다.

10) 유치권 : 「민법」 제320조, 유치권의 목적물은 타인 부동산 또는 유가증권으로 이를 점유한 자는 채권을 변제받을 때까지 유치할 권리가 있다. 경매사건에서의 유치권이 인정되려면 유치권의 성립요건을 모두 갖춰야 한다.

11) 법정지상권 : 약정지상권과는 달리 법률 규정에 의해 당연히 성립하는 지상권으로, 법정지상권이 성립하는 경우 낙찰자는 토지의 사용, 수익에 제한을 받게 된다.

위와 같이 매각으로 소멸하지 않는 11가지 권리가 있을 때에는 입찰을 하지 않아야 한다.

돈이 되는
부동산 경매

$

경매 물건 고르는 법

경매 물건을 고르기 전 가지고 있는 자본이 얼마나 되는지, 낙찰받고 주택담보대출을 받는다면 이자 비용은 얼마나 감당할 수 있는지부터 확인해야 한다. 그래야 안정적으로 투자 할 수 있고 수익을 기대할 수 있다. 무리한 대출을 받는 경우에는 심리적으로 불안하여 수익이 나기도 전에 후회를 하게 되는 경우가 있기 때문이다.

또한 경매를 하는 목적이 뚜렷해야 한다. 자가 주택을 사려고 하는 것인지 투자를 통해 수익을 얻으려는 것인지에 따라 부동산의 위치, 교통, 학군, 주변의 개발사항 등 조건을 따져봐야 한다. 자가가 목적이라면 원하는 지역과 물건의 용도를 정해서 물건을 찾아봐야 하고 수익이 목적이라면 굳이 지역이나 물건의 용도를 정해서 볼 필요는 없다. 수익을 목적으로 하더라도 매입하고자 하는 물건의 용도는 미리 정해 놓고 찾는다면 짧은 시간 많은 지역의 물건을 찾아볼 수 있다.

나는 경매를 시작할 때 자가 주택을 경매로 꼭 낙찰받고자 했었기 때문에 수익이 날 투자물건과 입주할 수 있는 자가 주택의 물건도 같이 찾아보고 임장을 했었다. 지금은 자가 주택을 경매를 통한 매입에 성공했기 때문에 이제는 수익이 나는 물건들을 공격적으로 찾아 권리분석을 하고 임장하며 지속적인 입찰 도전을 통해서 낙찰을 받고 있다. 내가 주로 낙찰받는 물건은 노후주거지로, 대지지분이 많은 낡고 오래된 다세대주택이나 연립주택이다.

20년 이상 된 낡고 오래된 다세주택이나 연립주택은 건물의 가치는 거의 없고 대지지분의 가치만으로 가격이 평가되는 경우가 많다. 경매 물건의 감정평가서를 보더라도 건물에 대한 감정평가액은 상당히 낮다. 이런 물건은 낙찰을 받아 내부 수리만 웬만큼 하면 주변 전세 가격에 맞춰서 임대를 놓을 수 있고 투자금의 대부분을 회수할 수 있다. 무피투자나 플러스피 투자도 가능하다. 또한 향후 신축하거나 재개발, 혹은 신속통합기획, 모아주택사업 등으로 지정이 될 수도 있고, 지정이 된다면 투자금의 10배 수익도 얻을 수 있다.

부동산 상승기에는 아파트만 오르는 게 아니다. 다세대, 연립주택도 가격이 오르고, 그중 재개발, 신속통합기획, 모아주택사업 등으로 지정된 곳은 대지지분 3.3m²(1평)에 수천만 원에서 1억이 넘는 곳도 많다. 내가 낙찰받은 인천시 부평구의 재개발 추진지역과 수택동에 매입한 낡고 오래된 다세대주택은 투자금 대비 수익률이 10배가 넘는다.

이런 노후 지역의 다세대주택이나 연립주택은 적은 자본으로도 낙찰받을 수 있고 수익도 많이 낼 수 있다. 투자를 하기 위해서는 책상 앞에서의 공부도 중요하지만, 현장에 많이 나가봐야 한다. 눈으로 가서 보고 듣고 확인하며 자신만의 투자법을 만들어야 한다. 책상 앞에 앉아서는 인터넷상의 수많은 정보를 검색하고 분류하여 자신만의 데이터를 축적하고, 현장에서는 거래된 사례와 내가 입찰하려고 하는 물건과의 유사성(대지지분, 전용면적, 건축년도, 도로조건 등)을 비교해야 한다. 그리고 매매를 하거나 전세를 놓을 때 얼마나 받을 수 있는지도 보수적으로 계산해서 입찰 가격을 결정해야 한다.

정보를 수집하는 것 또한 방법을 알면 매우 쉽다. 재개발을 기준으로 설명을 하자면 서울의 경우에는 정비사업 정보몽땅(cleanup.seoul.go.kr)에 들어가면 각 지역의 재개발 사업지가 표시되고 사업개요 등을 볼 수 있다. 이 사업개요를 통해 해당 재개발 사업지역의 분양가구 수도 알 수 있고 조합원 수도 알 수 있으므로 사업성이 좋은지 나쁜지도 판단할 수 있다.

서울을 제외한 수도권과 지방은 지자체 홈페이지 검색창에서 2030도시주거환경정비 기본계획을 찾아봐야 한다. 기본계획에는 어느 지역을 어떻게 개발할 것인지가 자세히 기재돼 있다. 이런 지역에 경매 물건이 나올 때도 있어 항상 관심을 갖고 지켜봐야 한다.

지금은 이러한 정비사업 입안대상구역 요건에 대한 정보를 제공하는 플랫폼으로 부동산플래닛(www.bdsplanet.com)과 전국의 정비사업지역에 대해 정보를 제공하는 아실(https://asil.kr)이 있다. 이 두 개의 플랫폼을 결합하여 잘 활용할 수만 있다면 누구보다도 더 빨리 더 많이 수익을 창출할 수 있다.

입찰 전
주의사항

법원경매를 통해 경매 물건을 낙찰받기 전, 권리분석만 충분히 이해하면 예상하지 못한 위험을 겪지 않아도 된다. 경매투자의 위험을 낮추기 위해 가장 중요한 것이 권리분석이며, 권리분석을 통해서 대상 부동산의 법률적 문제점을 찾아낼 수 있고, 그 문제의 치유 방법까지 도출할 수 있다.

첫째, 낙찰대금 외에 추가로 인수할 사항이 있는지를 살펴봐야 한다.

즉, 매각으로 소멸하지 않는 권리가 있는지 또는 대항력 있는 임차인의 보증금을 인수할 수 있는지 여부를 따져 봐야 한다. 매각으로 소멸하지 않는 권리가 있는 물건은 처음부터 입찰하지 말아야 한다. 예외적으로 말소기준조건을 충족한 선순위 전세권이 있는 물건은 입찰해도 된다. 다음으로 대항력 있는 임차인이 배당신청을 하지 않았다면 임차인의 보증금 전액을 낙찰자가 인수해야 하기 때문에 입찰하지 않아야 한다. 그러나 대항력 있는 임차인이 전입신고+확정일자+배당종기일까지 배당신청을 하여 우선변제권을 행사하고 보증금 전액을 배당받는 물건에는 입찰해도 된다. 다만 대항력 있는 임차인이 우선변제권을 행사하여 보증금 중 일부를 변제받지 못한 경우에는 낙찰자가 일부 인수해야 한다.

둘째, 공동주택의 경우 경매 물건과 옆집의 좌우 호수가 바뀌어 있는지도 따져봐야 한다. 다세대주택뿐만 아니라 아파트의 경우도 20년 이상 살면서도 자기 집과 옆집이 바뀌어 있었다는 것을 모른 채 자기 집인 줄 알고 사는 경우도 있다. 이를 확인하기 위해서는 건축물 현황도(설계도면)를 확인해야 하나 건축물 현황도는 소유자만 열람, 복사할 수 있고 예외적으로 낙찰자에게만 허용된다. 따라서 일부의 경우 현장 답사를 통해 확인해야 하는 때도 있다. 만약 낙찰받은 후 경매 물건의 좌우 호수가 바뀌어 있는지 알고 싶다면 입찰보증금 영수증을 가지고 주민센터(오래된 건축물은 주민센터에 자료가 없을 수 있다) 또는 해당구청 건축과에서 확인할 수 있다.

셋째, 등기부상 대지권의 표시와 대지권 비율의 표시가 다른지 살펴봐야 한다. 둘이 서로 다른 경우에는 내가 입찰할 경매 물건의 대지권의 비율을 반드시 확인해야 한다. 앞에서도 언급했듯이 낡고 오래된 다세대주택은 건물의 감정평가액은 낮고 토지지분의 평가액이 크기 때문에 대지권의 비율이 잘못 표기된 것을 모르고 낙찰을 받는다면 땅값을 비싸게 주고 사는 꼴이 된다. 특히 낙찰 받은 지역이 재개발지역인 경우에는 3.3m²에 수천만 원의 손해를 볼 수도 있기 때문이다. 초보자는 법원이 잘못한 것이 아닌가 생각할 수도 있겠으나 우리나라의 집행법원은 일일이 그런 것까지 확인할 의무는 없다. 입찰 물건에 대한 권리분석은 온전히 입찰자의 몫이다. 그렇기 때문에 공부를 제대로 해야 한다.

넷째, 건축물의 현황과 건축물대장상의 용도가 다른지도 확인하여야 한다.

현황은 주택으로 사용하고 있으나 건축물대장상의 용도가 근린생활시설(사무실, 소매점, 한의원, 문화시설 등)이면 낙찰받아서 근린생활시설로 사용할 것이 아니라면 입찰을 하지 말아야 한다. 이는 불법용도 변경으로, 원상회복을 해야 하고, 하지 않을 경우에는 이행강제금을 부과받게 된다. 또한 1가구를 2가구 이상으로 증설한 경우에도 불법으로, 원상회복의무가 있으며, 불이행 시 이행강제금을 부과받게 된다. 입찰할 물건에 위와 같은 사실이 있는지를 잘 살펴보고 입찰하길 바란다.

입찰 가격
정하는 법

경매 고수든 초보자든 가장 어려운 것이 입찰 가격을 정하는 일이다. 오랜 기간 경매를 했던 사람도 입찰 가격에 따라 낙찰의 성패가 갈리고, 수익도 갈리게 된다. 경매 물건 중 주거용 부동산인 아파트는 몇백 세대에서 몇천 세대까지 하나의 단지 안에 소형, 중형, 대형으로 나뉘어 있고, 평형이 정형화되어 있는 구조이다. 따라서 국토교통부 실거래가 시스템에 최근 실거래 가격, 전세 가격 변동사항들을 자세히 찾아볼 수 있어 시세 조사가 어렵지 않다. 그러나 단독, 다가구주택의 경우에는 물건의 특성상 거래사례가 많지 않아 실거래를 파악하기가 쉽지 않고, 다세대, 연립주택의 경우에는 평형이 다양하고 구조도 제각각이라 시세 파악이 어렵다. 순 자산이 많으면 시세조사가 어렵지 않은 아파트에 투자하는 것이 좋겠으나, 사회초년생은 순 자산이 많지 않아서 작은 다세대, 연립주택에 투자할 수밖에 없다.

나는 다음과 같이 다세대, 연립주택의 시세를 조사하여 입찰 가격을 결정한다. 내가 입찰하고자 하는 경매 물건을 중심으로 하나의 구역(반경 300미터)을 설정하고 국토부실거래 가격 시스템을 통해 경매 물건과 대지면적(대지지분), 전용면적이 가장 유사한 거래 사례를 찾아 대지면적, 전용면적 각각의 3.3m²의 가격을 조사한다. 다음으로 카카오맵의 거리측정 사용기능을 통해 가로조건(경매 물건이 몇 미터 도로에 접했는지)이 비슷한 물건과 부동산플래닛 사이트에서 건축년도가 비슷한 물건을 찾아 입찰하고자 하는 경매 물건과 직전 거래된 국토교통부 실거래 물건, 그리고 부동산 중개업소에 매매로 나와 있는 물건의 대지면적당 3.3m²의 가격과 전용면적당 3.3m²의 가격을 n 분의 1로 비교한다.

3개의 표본 (법원 감정가격, 국토부 실거래 가격, 부동산 매매물건가격) 중 n 분의 1 가격이 가장 낮은 것을 기준으로 삼고, 금액의 20%를 저감하여 경매 물건의 입찰 가격을 산정한다. 예를 들어, 재개발 사업지인 서울 송파구 마천동 재정비촉진3지구의 경매 물건의 감정가격이 6억2,000만 원이고 대지지분 8평, 전용면적 13평의 다세대주택이 경매로 나왔다면, 경매 물건 인근지역에 6억4,000만 원에 실거래된 대지지분 8.3평, 전용면적 14평의 다세대주택의 대지지분과 전용면적을 비교하는 것이다.

경매 물건은 감정가격 6억2,000만 원을 대지지분 8평으로 나누면 3.3m²(1평)의 가격은 7,750만 원이고, 실거래 가격 6억4,000만 원을 대지지분 8.3평으로 나누면 3.3m²(1평)의 가격은 7,710만 원으로 3.3m²(1평)의 가격에는 차이가 없다. 재개발 사업지이기 때문에 위 가격의 20~25% 저감된 4억6,000만 원에서 4억9,000만 원 사이에 입찰 가격을 결정한다. 감정가격, 실거래 가격을 전용면적 n분의 1로 나눠도 입찰 가격의 범위는 4억6,000만 원에서 4억9,000만 원으로 비슷하다.

이런 방법을 통해 책상에서 가상 입찰 가격을 산정했다면, 다음은 현장으로 가서 부동산 중개업소를 통해 매매로 나와 있는 다세대, 연립주택 물건이 있는지 여부를 조사하여 대지면적, 전용면적, 가로조건, 건축년도 등을 비교하여 입찰 가격에서 가감을 해야 한다.

부동산도 여러 곳에 방문하여 시세조사를 해야 한다. 부동산에 방문할 때는 고객처럼 거짓말하지 말고 있는 그대로 경매 물건 시세조사를 위해 나왔다고 하고, 잘 몰라서 중개업 사장님에게 도움을 받고자 왔다고 솔직하게 얘기하는 것이 좋다. 중개업 사장님들도 눈치가 빨라서 이 사람이 고객인지 아닌지 금방 알아챈다. 처음부터 솔직하게 경매 때문에 왔다고 얘기하고 낙찰받으면 임대나 매매도 부탁드릴 테니 매매 시세나 전세 시세를 가르쳐 달라고 하는 것이 좋다. 처음에는 이런 과정이 복잡하다고 느끼겠지만, 한 번 두 번 반복하다 보면 금방 익숙해지고 가격조사가 어렵지 않다.

나는 이러한 과정을 통해 실거래 가격보다 감정가격이 낮은 다세대, 연립주택 물건들을 낙찰받았고, 높은 금액의 전세를 놓는 투자 방법을 통해서 무피투자, 플러스피 투자를 하고 있다.

다음으로 가격을 조사했다면 경매 물건을 직접 보러 가야 한다. 법원 서류상으로만 보는 현장 사진과 실제 부동산의 상태가 다를 수 있기 때문이다. 또한 현장을 가야 알 수 있는 것들이 있다. 예를 들어, 건축물대장상에는 위반건축물로 기재가 안 돼 있지만, 현장에 가보면 베란다를 확장했다든지, 주차장의 일부를 창고로 쓴다든지 하는 것을 확인할 수 있다. 이런 물건은 당장은 문제없어 보일 수 있으나 차후 전세를 놓거나 매매를 하는 과정에서 문제가 될 수 있다. 전세의 경우 위반 건축물로 인정되면 LH, SH에서는 서민을 위한 전세자금대출이 안 되고, 매매의 경우에도 원상회복, 이행강제금 등의 문제가 생길 수 있어 주의해야 한다. 물건을 낙찰받고 위반 내용을 시정하여 전세나 매매를 한다면 문제는 없다.

입찰
참여하기

입찰 당일 행동 사항

1. 입찰법정 출발 전에 대법원경매정보 사이트 또는 지지옥션
   사이트에서 입찰하고자 하는 경매 물건이 변경, 취하, 기각,
   정지됐는지, 또는 유치권신고나 공유자우선매수신고 등이
   됐는지 여부를 확인한다.
2. 특별한 내용이 없으면 입찰법정으로 출발한다.
3. 법원마다 조금 시간 차이는 있으나 늦어도 10시까지는 입찰
   법정에 도착해서는 내가 입찰할 물건이 당일 입찰이 진행되
   는지, 주의사항은 없는지 입찰게시판을 한 번 더 확인한다.
4. 게시판에 별다른 내용이 없다면 입찰을 준비한다. 황색 입찰
   봉투, 흰색 입찰보증금봉투는 법원마다 다를 수 있으니까 현
   장에서 받아서 기재하고, 기일입찰표는 전국 공통으로 입찰
   하루 전 대법원경매정보 또는 지지옥션에서 양식을 다운받

아 미리 작성한다. 당일 현장 분위기에 휩쓸려서 당황하여 입찰가액을 잘못 기재하는 경우도 있어 미리 작성하는 것이 좋다.

5. 입찰이 시작되면 집행관 앞에 비치되어 있는 모니터를 통해 경매사건의 매각물건명세서, 현황조사서, 감정평가서, 매각기일공고 내역을 확인하여 변경사항이 없으면 황색 입찰봉투에 기일입찰표와 입찰보증금봉투를 넣고 입찰한다. 대리인인 경우 반드시 황색 입찰봉투에 입찰자의 인감증명서를 넣어서 입찰하여야 한다. 법인 입찰일 때는 대표자의 자격을 증명하는 서면(법인의 등기부 등·초본)을 준비하여 황색 입찰봉투에 넣고 입찰한다. 간혹 낙찰받고도 서류 미비나 기재사항 오류로 인하여 무효처리가 되는 경우도 있어 꼼꼼하게 확인해야 한다.

6. 서울지방법원의 경우 입찰시간은 오전 10시 10분에서 11시 10분까지로 1시간이 주어지며, 10~15분간 개찰을 준비하고 11시 20~25분에 개찰을 시작한다. 사건번호별로 입찰자를 호명하고 그 중 최고가 입찰자를 다시 호명한 뒤 차순위 매수신고를 할 사람이 있는지를 다시 확인하고, 없다면 해당 경매사건의 입찰절차를 종결한다. 낙찰받으면 입찰보증금 영수증을 수령하고, 패찰하면 황색입찰봉투와 입찰보증금을 반환받으면 된다.

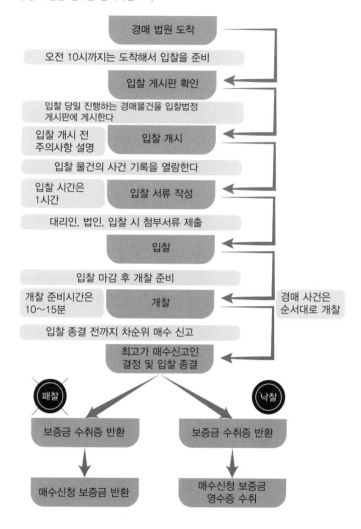

TIP 차순위매수신고 요건

민사집행법 제 114조 제1항 최고가매수신고인 외의 매수신고인은 매각기일을 마칠 때까지 집행관에게 최고가매수신고인이 대금지급기한까지 그 의무를 이행하지 아니하면 자기의 매수신고에 대하여 매각을 허가하여 달라는 취지의 신고(이하 '차순위매수신고'라 한다)를 할 수 있다. 제2항의 차순위매수신고는 그 신고액이 최고가매수신고액에서 보증액을 뺀 금액을 넘는 때에만 할 수 있다.

위 2항에 따르면 감정가가 2억 원인 경기도 소재 다세대주택이 한 번 유찰되어 30% 저감돼 1억4,000만 원부터 시작했는데, 3명이 입찰에 참여하여 최고가 매수신고금액이 1억6,000만 원인 경우 차순위 매수신고를 하려면 최고가 1억6,000만 원에서 입찰보증금 10%인 1,400만 원을 뺀 1억4,600만 원 이상을 써야만 차순위 매수신고의 자격을 얻는다. 위 물건의 차순위 매수신고인이 2명이라면 최고가매수신고 다음 금액으로 입찰한 사람이 차순위 매수신고인이 된다. 그러나 실무에서는 차순위 매수신고를 하지 않는 편이 낫다. 차순위 매수신고를 하면 차순위 매수신고자도 입찰보증금을 법원에 내야 하고 단기간 돈이 묶이게 된다. 최고가 매수신고인이 잔금 납부를 하지 않아야 차순위 매수신고인에게 잔금 납부 기회가 주어진다. 최고가 매수신고인의 잔금 납부 기간이 지났어도 최고가 매수신고인, 차순위 매수신고인 중 먼저 잔금을 납부하는 사람이 소유권을 갖게 된다.

최고가 매수신고인이 잔금납부를 하지 않았다고 하더라도 지위가 박탈되는 것이 아니고 잔금 납부 기간 이후 잔금과 이자를 납부하면 되기 때문이다.

경매 패찰
끝이 아니라 시작이다

　입찰을 하다 보면 낙찰을 받는 경우보다 패찰을 하는 경우가 더 많다. 열 번 입찰 중 낙찰을 한두 번 정도 받는 것도 잘하는 것이다. 열정을 갖고 경매 공부를 시작했는데 번번이 입찰에서 패찰하면 금방 열정이 식어서 스스로 부동산 경매와 자신이 맞지 않는다고 생각하고 부동산 경매시장을 떠나 버리기도 한다. 그리고 몇 년 뒤 부동산 경매만 한 재테크가 없다고 생각하고 다시 진입하는 경우도 많다.

　경매시장을 떠나지 않고 계속해서 도전했다면 적어도 몇 년간 서너 건은 낙찰을 받았을 것이고, 수익도 챙기고 물건을 보는 안목도 넓어졌을 것이다. 나 역시 그러한 경험이 있다. 패찰을 했다고 실망하고 부동산 경매시장을 떠나지 말고, 패찰을 자연스럽게 받아들여야 이 일을 계속할 수 있게 된다. 열 번 패찰을 하더라도 열한 번째 낙찰을 받겠다고 생각하고 꾸준하게 도전하면 반드시 좋은 결과물을 얻게 된다. 그렇게 꾸준하게 도전해야 돈도 벌고 인생도 바꿀 수 있게 된다.

경매를 오래 한 사람치고 가난하게 사는 사람은 없다. 그러니 패찰했다고 실망할 필요가 없다. 각자 낙찰을 받는 시기가 조금 다를 뿐이다. 세상의 모든 꽃이 한 번에 피지 않는 것처럼 말이다.

내가 경매를 시작한 2018년 11월부터 첫 낙찰을 받기까지 경기도 부천의 아파트, 다세대주택, 수원의 아파트, 안양의 아파트, 용인의 아파트, 서울의 다세대주택 등 수십 번도 넘게 패찰을 했지만, 2019년 3월 용인시 수지구 죽전동 33평형 아파트와 2019년 4월 구리시 인창동의 34평형 아파트를 한 달 간격으로 낙찰받았고, 그것이 내 인생의 전환점이 되었다. 경제적 자유와 시간적인 여유를 안겨준 기회가 됐다. 내가 중간에 포기했다면 지금의 삶을 살지 못했을 것이다.

경매 투자는 누구나 할 수 있는 일이지만 누구나가 성공하는 것은 아니다. 내가 생각하는 성공의 조건은 단 한 가지, 그것은 절실함이다. 절실함이 있다면 포기를 할 수 없다. 패찰은 실패가 아니라 경험치가 쌓이는 것이고 더 나은 물건을 낙찰받기 위한 준비 과정이다.

명도
쉽게 끝내기

낙찰을 받고 소유권 이전을 한 다음 낙찰받은 부동산을 인도받는 과정이 명도이다. 법원경매의 경우 인도소송(건물명도 소송)으로 가는 경우는 많지 않다.

대항력이 있는 임차인이 있는 경우 임차인이 배당신청을 하지 않았다면 임차기간 동안 계속해서 거주하겠다는 의사표시로, 계약기간이 끝나고 나서야 비로소 인도소송을 할 수 있다. 그러나 임차인이 대항력이 있는 경우라도 배당을 신청하여 배당기일에 배당표가 확정되고 보증금 전액을 배당받는다면 그때는 인도소송이 아니라 인도명령을 신청할 수 있다. 다만 대항력 있는 임차인이 보증금의 일부만 배당을 받거나 배당을 받고도 배당이의 등으로 배당표가 확정되지 않은 경우에는 인도명령을 신청할 수 없다.

다음으로 대항력이 없는 임차인의 경우나 소유자, 채무자가 거주하는 경우에는 법원에 인도명령신청을 한다. 낙찰자는 매각대금을 완납하고 당일 해당 부동산에 거주하는 대항력 없는 임차인, 소유자, 채무자를 대상으로 법원에 인도명령을 신청하여 인도명령결정문을 받은 후 계고(행정조치) 이후 강제집행하는 순서로 인도받을 수 있다. 잔금을 완납하면 소유권을 취득하게 되며, 그러면 바로 명도를 시작해야 한다. 명도를 하는 과정도 어렵지 않고 명도의 대상자가 많아도 두려워 할 것 없다.

예를 들어, 서울 중앙1계 2013타경 9100 다가구주택은 임차인이 34명이었다. 그렇다면 위 물건은 어떻게 부동산을 인도받아야 할까? 먼저 34명의 임차인을 세 개의 그룹으로 나눠야 한다. A 그룹은 보증금 전액을 배당받는 그룹(전액 배당), B 그룹은 보증금 중 일부만 배당 받는 그룹(일부 배당), C 그룹은 보증금을 한 푼도 배당받지 못하는 그룹(무배당)으로 나누고 인도협의를 시작한다.

첫 번째, A 그룹은 보증금 전액을 배당받으므로 낙찰자와 다툴 일이 없고, 배당기일 임차인이 배당을 받고 나가거나 임차인과 새로운 계약을 통해 임차를 하면 된다.

두 번째, B 그룹으로 임차인이 보증금 중 일부를 배당받기 위해서는 낙찰자의 명도확인서와 인감증명서를 법원에 제출하여야 배당을 받을 수 있기 때문에 B 그룹도 다툴 일이 없다. A 그룹과 B 그룹의 경우에는 이사비용도 지급하지 않는다.

세 번째, C 그룹으로 보증금을 한 푼도 배당받지 못하는 경우이며, 이 경우에는 소정의 이사비용으로 협의를 한다. 소정의 이사비용이라 함은 법원의 강제집행 비용에 준하는 금액을 말하는 것으로 3.3m²에 10~12만 원을 기준으로 산정한다. 대항력 없는 임차인이 방 1칸 전용면적 9평에 거주한다면 강제집행 비용은 100만 원 내외이다. 이 금액을 이사비용으로 지급하는 조건으로 임차인과 협의하면 된다. 협의가 안 되면 인도명령결정문 받은 것과 송달증명원을 가지고 법원 집행관 사무실에 가서 계고하고 강제집행을 하면 된다. 최근에는 임차인을 만나지도 않고 바로 계고하고 강제집행을 하는 경우도 많다.

사람을 만나는 걸 꺼리는 경우도 있고 배당받지 못하는 임차인을 만나 하소연 듣는 것도 싫어하는 경우도 많다. 소유자와 채무자가 거주하는 부동산의 경우에도 C 그룹과 동일한 과정을 통해 인도를 받으면 된다.

명도는 위 사례에서 설명한 것처럼 점유자의 유형별로 협의를 통해 명도를 받으면 된다.

다음의 그림은 명도 진행에 대한 일자별 내용과 예시이다.

입찰부터 명도까지

| 서울북부지방법원 예시 |

날짜	내용	
2023년 2월 1일 ▼	입찰기일 (=매각기일) 낙찰받음 (=최고가매수신고인이 됨) 1주일	10:00 - 10:10 : 입찰 주의사항 설명 10:10 - 11:10 : 입찰 시간 1시간(게시판 확인) 11:10 - 11:30 : 개찰 준비 11:30 - 13:00 : 개찰(경매 물건이 많으면 입찰 종결까지 오래 걸림)
2월 8일 ▼	• 매각허부결정(허가, 불허가 결정) • 경매사건에 대한 법원 서류에 문제가 없다면 매각허가결정 • 법원 서류에 문제가 있다면 매각불허가결정(입찰보증금 반환) 1주일	
2월 15일 ▼	• 2월 8일 매각허가결정에 대한 확정 3~4일	
2월 19일 ▼	• 최고가매수신고인에게 대금 지급 기한 통지서 발송 • 대금 지급 기한일은? 매각 확정한 2월 15일 이후 3월 15일(대략 30일 이내) • 매각 잔금은 최대한 빨리해야 함 – 잔금 납부 전 채무자가 빚을 변제하면 경매 취소될 수 있음	
2월 20일 ▼	• 대금 납부와 동시에 법원에 낙찰받은 부동산에 거주하는 사람에 대해 인도명령신청을 한다. • 대금 납부 즉시 소유권을 취득한다. • 인도명령신청 : 대출은행 법무사에게 소유권 이전과 같이 접수를 의뢰한다. ← 명도협상을 시작한다. 이해관계인 소유자, 임차인을 내보내야 함. 명도협상이 안 될 경우에는 인도명령결정문과 송달증명원을 법원 집행관사무실에 계고신청하고 강제집행절차를 진행한다.	
3월 20일	배당기일(대금 납부 후 대략 30일 이내) • 명도 이후 물건의 상태에 따라서 도배, 장판, 싱크대, 욕실을 수리하고 전/월세 임대를 놓거나 매매를 한다. • 개인적으로 양도소득세가 일반세율로 과세되는 2년 뒤 처분하는 것이 수익을 더 올릴 수 있다.	

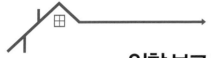

입찰 보고서를
작성하라

　하나의 물건을 낙찰받기 위해서는 입찰 전 해야 할 일이 많다. 첫 번째, 내가 가지고 있는 자금에 맞는 용도별 물건을 찾고, 두 번째, 권리분석을 통해 하자가 없는(낙찰자 인수사항이 없는) 물건을 찾았다면, 세 번째, 입찰가를 쓰기 위해 시세를 조사하는 일이다. 시세 파악을 제대로 해야 경매에서 수익을 창출할 수 있다. 단순히 인터넷에 나와 있는 매도호가를 시세로 보거나 부동산 중개업자와의 통화로 시세를 파악하겠다는 생각을 버려야 한다. 그렇다고 무턱대고 현장을 가라는 말이 아니다. 전략적인 사전조사와 현장조사가 병행될 때 입찰 가격을 쓰라는 것이다. 내가 입찰하고자 하는 물건지의 실거래 가격을 국토교통부에서 확인해야 한다. 아파트의 경우 단지 내의 동일 평형대의 매매거래와 전세 가격 비교가 쉬우나, 다세대주택의 경우에는 경매 물건의 거래사례가 많지 않아 비교가 쉽지 않다. 이런 경우 인근지역에 경매 물건과 도로 폭이나 대지지분, 전용면적이 비슷한 물건과 매매 가격을 비교한다. 또한, 해당 지역의 개발 가능성에 따라 가격이 달라질 수 있음에 유의해야 한다. 서울지역은 재개발사업을 비롯하여 역세권 개발 사업, 공공재개발, 신속통합기획, 모아주택사업 등 다양한 개발이 진행 중이라 다세대 가격을 산정하기가 쉽지 않다. 이런 정보는 서울시보, 경기도보에 고시되고 구청 홈페이지와 공고 등에서 확인할 수 있다.

이렇게 사전조사를 했다면 다음은 현장조사를 해야 한다. 막상 인터넷으로는 확인할 수 없는 정보들이 시장에는 많이 있다. 개발 사업에 참여하기 위해 지역주민들이 동의서를 징구하는 것만으로도 가격이 오르는 경우가 있어 도시 및 주거환경정비법상 재개발 구역 지정요건에 부합하는지도 따져봐야 한다.

사전조사와 현장조사를 한 뒤에 조사한 내용에 대하여 입찰보고서를 작성해야 한다. 입찰보고서에는 물건의 개요, 사건번호, 물건현황, 전용면적, 대지지분, 건축년도, 매각기일, 감정평가금액을 기재하고 현장조사를 통해 얻은 정보(매매 가격, 전세 가격, 월세 가격)를 바탕으로 입찰 가격을 산정한다. 또한 물건의 장단점을 기재하고 주변 환경과 향후 호재나 악재도 기재한다.

다음으로 수익률을 계산해야 한다. 자기자본과 타인자본(대출)이 얼마나 들어갈지와 추가 비용(취득세, 수리 비용, 이사 비용)을 계산하고 전세로 임대를 했을 때 회수할 수 있는 보증금이 얼마인지도 조사를 해야 한다. 그래야 전세보증금으로 대출을 변제하고 최종 실투자금이 얼마나 들어갈지 예상할 수 있다. 또 향후 양도소득세가 일반과세 되는 2년 뒤 매도를 했을 때의 수익도 계산해야 한다. 예상 매도가격에서 낙찰가와 추가 비용을 공제하면 양도차익이 나온다. 이 양도차익에서 일반세율(양도차익 구간별 세율)을 곱하고 여기에 누진공제금액을 빼면 예상수익을 계산할 수 있다.

내가 낙찰받은 강북빌라트의 경우에는 감정가격보다 실거래 가격이 높았고, 전세 가격이 매매 가격과 비슷했다. 강북빌라트는 첫 매각기일에 감정 가격의 127%에 낙찰받았고, 소유권 이전을 한 뒤 2억3,000만 원에 전세를 놓아 4,190만 원을 더 회수했다. 이 물건은 플러스피 투자를 한 사례이다. 일반매매시장에서는 플러스피 투자가 불가능하지만 경매시장은 가능한 물건들이 있다. 사전조사와 현장조사를 병행하여 꾸준하게 노력하면 누구든 수익을 낼 수 있다. 강북빌라트는 최근 재개발 추진을 위해 지역주민들이 동의서를 징구하고 있고, 재개발 후보지가 된다면 2년 뒤 수익이 더 클 것으로 판단한다.

물건개요				
물건 주소	서울 강북구 수유동 561-2. 강북빌라트 2층 201호			
사건번호	북부3계 2021타경 190			
물건 현황	다세대주택, 총 4층(방3, 욕실, 발코니2)			
전용면적	56.0m²(16.94평)			
대지지분	30.9m²(9.34평)			
건축년도	보존등기 2001. 11. 23			
매각기일	2022. 03. 29(서울북부지방법원)			
경매진행	감정가		입찰 가격	
	144,000,000		184,200,000	
유사물건 시세	매매		전세/월세	
	250,000,000(급매 230,000,000)		전세 2억1000/월세(보증금 5,000/80)	
장점	초등학교, 중학교 인접. 조용한 주택가			
단점	22년 된 낡고 오래된 다세대주택			
향후 호재	재개발 추진을 진행하고 있음.			
수익률 계산	실투자금(①+②-③)=4,190만 원 플러스피 투자		예상 수익(④-⑤)=67,470,000	
	① 낙찰가	자기자본 73,000,000	④ 매매차익	예상매도가 270,000,000
		타인자본 109,400,000		낙찰가 182,400,000
		낙찰가 182,400,000		추가 비용 5,700,000
	② 추가비용	취득세 2,700,000		81,900,000
		수리 비용 2,000,000	⑤ 세금	양도소득세 81,900,000 X 24% =1965-522(누진공제) =1,443만 원
		이사비용 1,000,000		
		5,700,000		
	③ 회수금액	보증금 230,000,000		

경매재테크
출구전략이 중요하다

경매의 주된 목적은 시세보다 싸게 낙찰받는 것이다. 낙찰을 받아 전세를 놓고 전세보증금으로 투자금을 최대한 회수하든지, 아니면 경매 대출을 받고 월세 보증금을 받아 최대한 투자금을 회수하고 월 차임으로 대출이자를 변제하여 투자금을 줄여야 한다. 그리고 매도할 때 비과세를 받거나(1세대 1주택) 2년 뒤 양도소득세율 일반과세를 받아 수익률을 높여야 한다. 그러기 위해서는 사전조사와 현장조사를 통해 시세를 파악하고 입찰 가격을 써야 한다.

아파트의 경우에는 대체로 입찰 가격이 높고 입찰경쟁률도 높지만, 다세대주택의 경우에는 아파트에 비해 상대적으로 입찰가율이나 경쟁률이 높지 않고 지역에 따라 재개발 이슈만으로도 가격이 급등하여 오히려 아파트보다 투자금 대비 수익률이 높은 경우들이 종종 있다.

서울의 신속통합기획 1차 후보지로 지정된 상계5동의 경우에도 대지지분 5.48평, 전용면적 9평 다세대주택이 2020년 4월 9,600만 원 낙찰됐으나 현재는 2억이 넘는다. 투자금 대비 수익률은 1,000% 넘게 나온다.

경매에서의 출구전략은 리스크를 줄이는 것이다. 최악의 상황에서도 수익이 나는 물건에 투자하기 위해서는 현장조사를 통해 낙찰을 받은 뒤 전세를 놓거나 월세를 놓아 투자금을 얼마나 회수할 수 있을지를 고민해야 한다. 최대한 투자금을 적게 하는 것이 경매투자의 출구전략이다. 무피투자나 플러스피 투자를 한다면 부동산 시장이 좋아질 때까지 버틸 수 있는 여력이 생긴다.

무피나 플러스피가 아니더라도 현시세보다 30% 낮은 금액으로 낙찰을 받는다면 어려운 부동산 시장 상황에서도 투자수익을 얻을 수 있다. 그러기 위해서는 부단히 물건을 찾고 사전조사, 현장조사를 통해 물건의 적정한 입찰 가격을 산정하여 입찰해야 한다.

설령 일반매매시장에서 30%까지 하락해도 낙찰자는 본전이다. 딱 1년에 2번만 낙찰을 받겠다고 생각하고 평일은 본업에 집중하고, 일요일은 쉬고, 토요일 하루 내 인생의 2막을 준비하기 위해 현장으로 달려가 치열하게 부딪혀 가면서 배우기를 바란다. 누구나 부자를 꿈꾼다, 부자가 되기 위해서는 그만큼의 시간 투자와 노력이 필요하다. 가만히 있어서는 아무것도 할 수 없고 어떤 일도 벌어지지 않는다.

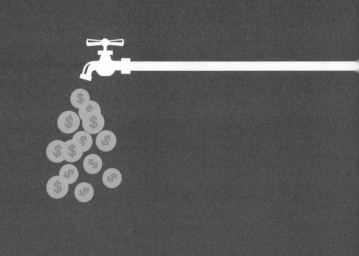

5장

소액 경매
실전 사례

〈경매 실전 성공〉.1
투자 수익률 2,500%, 아파트 낙찰

3억1,230만 원 낙찰, 3억1,000만 원 임대

첫 번째 사례는 수원13계의 사건번호 2018타경511439(아파트), 경기 용인시 수지구 죽전동 ○○-○ 현대 ○○○동 ○층 ○○○호 이다. 최초 감정가는 3억 5,500만 원이었고 1회 유찰된 물건이며 최저매각가격은 2억 4,850으로 2019년 3월 8일 13명이 입찰하였고, 3억1,230만 원에 낙찰을 받았다. 낙찰받고 17일 뒤 잔금을 납부하고 2019년 3월 25일 소유권을 취득하였다.

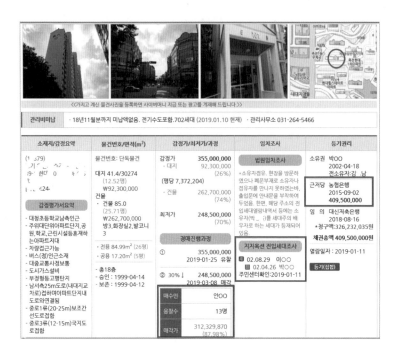

위 아파트를 낙찰받을 당시에는 용인지역은 투기과열지구가 아니라 LTV(주택담보대출비율) 규제가 없었고 낙찰가의 79.7%인 2억 4,900만 원을 대출받았다.

① 낙찰가 3억 1,230만 원 ② 취득세 450만 원 ③ 이사 비용 100만 원 ④ 수리 비용 500만 원 ⑤ 대출금액 2억4,900만 원 ⑥ 임대보증금 3억 1,000만 원

초기 투자된 금액은 7,380만 원(①+②+③+④-⑤)이었다. 전 소유자가 이사한 이후 3개월 뒤 3억1,000만 원에 임대(전세)하였고, 대

출금액을 상환하였다. 이렇게 해서 총투자된 금액은 1,280만 원 (①+②+③+④-⑥)이었다. 2021년 아파트의 실거래 가격은 5억 3,000만 원이고 전세 가격은 4억6,000만 원이다. 총투자금액 1,280만 원의 2,500%가 넘는 수익률을 기록하고 있다. 이로써 수억 원의 투자금액이 아니더라도 경매를 통해 많은 수익을 얻을 수 있다는 것을 알게 됐고, 평범한 나도 할 수 있다는 자신감을 얻는 계기가 되었다.

용인 아파트의 낙찰받기까지의 과정은 다음과 같다.

평소 용인 지역의 아파트에 관심을 가졌던 나는 용인시 수지구의 현○아파트가 경매에 나온 것을 보고 현장조사(임장)를 나갔다. 주변에 있는 부동산을 모두 방문하였다. 경매 물건은 주변 아파트 34평형 매매 가격에 비해 가격이 낮았고, 전세 가격이 조금씩 상승하는 곳이었다. 낙찰을 받게 된다면 임대보증금을 받아 투자금액을 회수하고도 수익을 기대할 수 있는 지역으로 판단하여 입찰을

사건	2018타경511439 부동산임의경매			매각물건번호	1		담임법관(사법보좌관)			
작성일자	2019.02.18			최선순위 설정일자	2016.9.2 근저당권					
부동산 및 감정평가액 최저매각가격의 표시	부동산표시목록 참조			배당요구종기	2018.10.30					
부동산의 점유자와 점유의 권원, 점유할 수 있는 기간, 차임 또는 보증금에 관한 관계인의 진술 및 임차인이 있는 경우 배당요구 여부와 그 일자, 전입신고일자 또는 사업자등록신청일자와 확정일자의 유무와 그 일자										
점유자의 성명	점유부분	정보출처 구분	점유의 권원	임대차 기간 (점유기간)	보증금	차임	전입신고일자.사업 자등록신청일자	확정일자	배당요구 여부 (배당요구 일자)
				조사된 임차내역 없음						

< 비고 >

※ 최선순위 설정일자보다 대항요건을 먼저 갖춘 주택. 상가건물 임차인의 임차보증금은 매수인에게 인수되는 경우가 발생할 수 있고, 대항력과 우선 변제권이 있는 주택. 상가건물 임차인이 배당요구를 하였으나 보증금 전액에 관하여 배당을 받지 아니한 경우에는 배당받지 못한 잔액이 매수인에게 인수되게 됨을 주의하시기 바랍니다.

※ 등기된 부동산에 관한 권리 또는 가처분으로서 매각으로 그 효력이 소멸되지 아니하는 것
해당사항 없음

※ 매각에 따라 설정된 것으로 보는 지상권의 개요
해당사항 없음

※ 비고란

결정하였다. 입찰하기 위해서는 입찰참여자가 열람할 수 있는 법원의 여러 가지 서류 중 매각물건명세서를 기초하여 권리분석을 먼저 하여야 한다.

위의 매각물건명세서에 기재된 내용에는 조사된 임차내역이 없고 가처분이나 지상권의 개요도 없으며 비고란에도 어떠한 주의 사항이 없는 것을 확인할 수 있다. 이는 경매사건에서 권리분석이 어렵지 않은 일반물건이다. 초보자는 처음에 낙찰받을 물건을 선택할 때 이처럼 권리분석이 간단한 물건을 찾는 것이 좋다.

수원13계 사건번호 2018타경511439(아파트)
명도 에피소드

2019년 3월 8일 낙찰을 받은 용인시 수지구 죽전동 현O아파트. 해당 부동산에 거주하는 사람이 소유자임을 확인을 하였고, 잔금 납부까지 한 뒤 명도를 진행하는 과정에서 소유자를 만나러 가기 전 내용증명을 발송하였는데 반송이 되어서 돌아왔다. 해당 부동산의 소유자가 일부러 안 받는 경우도 있었기에 명도 절차에서 인도명령 결정문이 상대방에게 도달하였음을 확인했고, 인도 명령 신청과 동시에 계고 신청을 하였다.

2주 후에 집행관에게 연락이 왔다. 계고 절차 시 입회하는 증인 두 사람이 필요했고, 시간을 정하여 증인 두 명과 집행관이 같이 해당 부동산의 현장에 방문하였는데, 여러 번 문을 두드렸지만 사람이 있음에도 불구하고 문을 열지 않아서 집행관들이 열쇠 수리공을 대동하여 직접 개문을 하였다. 문이 열리고 현장에 들어가 보니 소유자로 보이는 연세가 지긋하신 어르신이 계셨고, 당황하며 문을 따고 개문한 것에 대해 언성을 높이셨다. 집행관이 법적으로 문제가 없음을 다시 한 번 고지하며 계고신청 절차를 진행하였다.

며칠이 지난 후 소유자의 사위에게 대신 연락이 와서, 본인의 사업으로 담보를 제공했던 건데 일이 잘못되어서 경매가 넘어가게 된 과정이었다며, 5개월의 시간을 달라고 요청해왔다. 협의 후 한 달 반 정도의 시간을 주고 이사비용 100만 원 정도를 제공했고, 해당 부동산의 소유자가 협의한 날짜에 이사를 나가 명도가 마무리되었다. 명도가 끝난 후 기본적인(도배, 장판) 수리만 하였고 바로 전세 계약을 하였는데, 전세보증금 받는 날까지 두어 달 더 밀리게 되어 낙찰받고, 3~4개월 정도 지나서 전세가 3억 천에 마무리되었다.

〈경매 실전 성공〉2
4억2,400만 원 낙찰,
4억8,000만 원 단기 매도

2019년 3월 8일. 첫 낙찰 후 두 번째 낙찰을 받기까지는 오랜 시간이 걸리지 않았다. 2019년 4월 19일, 두 번째 낙찰받은 물건은 경기도 구리시 인창동 소재의 아파트였다.

감정가격이 3억7,00만 원. 2019년 4월 19일, 동○아파트 첫 매각기일에 18명이 입찰에 참여하였고, 나는 5,400만 원을 더해서 4억2,400만 원에 낙찰받았다. 낙찰받고 매각허가결정기일, 매각허가결정에 대한 확정 이후에 2019년 5월 14일 소유권을 취득하였다. 첫 매각기일에 18명이 입찰했다는 것은 다음과 같은 경우이다.

첫째, 시세보다 감정가격이 낮게 평가됐다는 것으로 해석할 수 있다. 경매 물건은 감정평가 시점과 첫 매각기일이 짧으면 5~6개월이 소요되고, 경매 절차 중에 소유자나 채무자가 변경신청을 한 경우 길게는 2년 또는 3년이 지나는 경우도 있다.

206 ·

관리비납 ·19년2월분까지 미납액 없음. 전기수도포함.485세대 (2019.04.03 현재) ·관리사무소 031-556-9595

소재지/감정요약	물건번호/면적(m²)	감정가/최저가/과정	임차조사	등기권리
(1 314) ...	물건번호: 단독물건 대지 31.7/15716 (9.58평) ₩148,000,000 건물 85.0 (25.71평) ₩222,000,000 방3,욕실겸화장실2,베란다2	감정가 370,000,000 ·대지 148,000,000 (40%) (평당 15,448,852) ·건물 222,000,000 (60%) 최저가 370,000,000 (100%)	법원임차조사 류OO 전입 2017-06-01 배당 2018-04-18 (보) 15,000,000 주거/일부 점유기간 2017.06.09-201 9.06.08	근저당 에이치엠자산관리 대부 2017-05-26 378,000,000
감정평가서요약 - 동인초등교북측인근 - 주위아파트단지,근린시설 및학교등소재 - 차량출입가능 - 인근노선버스(정)소재 - 제반교통사정보통 - 등고평탄한부정형토지 - 단지내도로이용외곽공도 와연계 - 소로2류(폭8-10m)(국지 도로)접함 - 학교저촉 - 도시지역	· 전용 84.98m² (26평) · 공용 52.63m² (16평) - 총25층 · 승인: 2002-10-15 · 보존: 2002-11-19	경매진행과정 ① 370,000,000 2019-04-19 매각	*소유자점유.채무자 겸 소유자 김_ 의 진술에 의하면 목록 부동산에는 자기 가족과 임차인 류_ 이 점유 사용하고 있고 그외 다른 임차인이나 점유자는 없다고 진술하였음	임 의 오에스비저축은행 여신관리팀 2018-02-07 ·청구액:321,365,608원 질 권 제이비우리캐피탈 2019-03-27 378,000,000 에이치엠자산관리 대부근저질권 채권총액 378,000,000원
		매수인 안OO 응찰수 18명 매각가 423,999,990 (114.59%)	지지옥션 전입세대조사 14.01.09 김OO 17.06.01 류OO 주민센터확인:2019-04-04	열람일자: 2019-04-03 등기(집합)

실제 서울동부지방법원 3계 2013타경 5491 방이동 소재의 다세대주택은 2015년 2월 2일 첫 매각기일에 단독으로 낙찰됐고, 이 물건의 감정평가 일자는 2013년 4월 16일로 2년이 지난 시점이었다. 이렇듯 감정평가 일자와 첫 매각기일이 상당 기간 차이가 나면 그 기간 동안 가치상승 분이 반영되지 못한 경우가 많고, 이런 물건은 첫 매각기일에 입찰하여야 한다.

물론 반대의 경우도 있다. 시세가 높을 때 감정가격이 잡히고 첫 매각기일 시점에 시세가 떨어진 경우라면 1~2회 유찰 후에 입찰을 하여야 한다.

둘째, 경매 물건의 위치, 교통, 학군이 좋거나 또는 주변에 개발 사항이 있어 향후 가치가 높아질 수 있는 여건을 갖춘 곳이다. 즉, 위 동○아파트가 투자 가능성이 높은 지역이라는 것이다. 실제 동○아파트 300미터 인접 거리에 2023년 구리도매시장역이 예정되어 있었다.

2021년 1월 동○아파트의 실거래 가격은 7억 원 선이다.

단지	지번	도로조건	전용면적	1월		2월		3월		건축년도
				계약일	거래금액(층) (해제사유 발생일)	계약일	거래금액(층) (해제사유 발생일)	계약일	거래금액(층) (해제사유 발생일)	
동양주택조합	487	12m미만	84.98	30	70,000 (9) 72,000 (21)					2002

여기까지 읽은 독자는 저자가 5,000만 원 남기고 매도를 했으니 아깝다고 생각할 수도 있을 것이다. 물론 좀 더 보유하고 있었더라면 수익이 더 많이 났겠지만, 동○아파트보다 더 좋은 투자처가 있었기에 과감하게 동○아파트를 2020년 1월 15일, 4억 8,000만 원에 매도하였다. 그리고 2020년 7월, 구리시 수택재정비촉진지구에서 해제된 수택동의 다세대주택을 여러 채 분산하여 갭 투자를 시작하였다. 가격이 오를 거라는 확신이 있었다. 그 확신에 대해서는 재개발 투자에서 설명하도록 하겠다.

한편 아래는 동○아파트를 4억 8,000만 원에 매도한 등기사항전부증명서이다.

[집합건물] 경기도 구리시 인창동

순위번호	등기목적	접 수	등기원인	권리자 및 기타사항
	이전	제16855호	매매	김_정 681017-******* 거래가액 금○,○○○,○○○원
4	임의경매개시결정	2018년2월7일 제4583호	2018년2월7일 의정부지방법원의 임의경매개시결정(2018타경306 2)	채권자 주식회사 오에스비저축은행 110111-012716
5	3번김민정지분압류	2019년5월10일 제8876호	2019년5월10일 압류(징수과-16 93)	권리자 구리시 3119
6	소유권이전	2019년5월14일 제9106호	2019년5월14일 임의경매로 인한 매각	소유자 인 리 81○○○-*******
6-1	6번등기명의인표시 변경		2019년6월29일 주소변경	안,리의 주소 인천광역시 부평구 2020년3월27일 부기
7	4번임의경매개시결 정, 5번압류 등기말소	2019년5월14일 제9106호	2019년5월14일 임의경매로 인한 매각	
8	소유권이전	2020년2월27일 제8417호	2020년1월15일 매매	소유자 이_섭 560720-******* 거래가액 금480,000,000원

다음은 동○아파트의 법원의 매각물건명세서를 기초하여 권리
분석에 대해 설명하도록 하겠다.

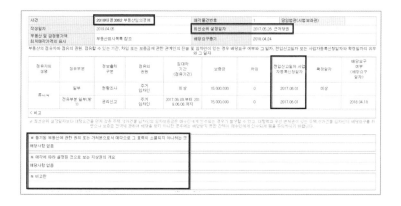

사건번호 2018타경 3062 동○아파트의 최선순위설정등기 일자는 2017년 5월 26일 근저당으로 주거임차인으로 기재된 류○○ 씨이며, 전입일자는 2017년 6월 1일자로 대항력이 없는 임차인이다. 임차인이 대항력이 없다는 것은 낙찰자가 낙찰대금 외에 임차인의 보증금을 인수하지 않는다는 것이다.

다음으로 봐야 할 것은 매각물건명세서 하단의 빨간 박스의 '1. 등기된 부동산에 관한 권리 또는 가처분으로서 매각으로 그 효력이 소멸되지 아니하는 권리', '2. 매각에 따라 설정된 것으로 보는 지상권의 개요', '3. 비고란(그 밖의 주의사항)'을 봐야 한다. 이 빨간 박스 안에 주의사항이 없는 물건이 초보자가 입찰하기에 적합한 물건이다.

위 매각물건명세서에 이상이 없으면 법원 서류 중 당사자내역서, 현황조사서, 송달내역 등을 한 번 더 살펴보는 것이 좋다.

법원의 서류를 확인하는 방법에 대해서는 권리분석 편에서 설명하였다.

의정부3계 사건번호 2018타경3062(아파트) 명도 에피소드

2019년 4월 19일 낙찰을 받은 경기도 구리시 인창동 동○아파트. 해당 부동산에 거주하는 사람이 소유자로 확인을 하였고 잔금 납부까지 하고 명도를 진행하는 과정에서 소유자를 만나러 가기 전 내용증명을 발송하였는데 역시 반송이 되어서 돌아왔다.

해당 부동산의 소유자가 일부러 안 받는 경우도 많기 때문에 인도명령을 신청하고 상대방에게 인도명령 결정문이 도달한 후에 바로 계고신청을 하였다. 의정부 지방법원에 계고 신청을 한 후 3주 뒤쯤에 집행관에게서 연락이 왔다. 지역별 법원의 집행절차는 조금씩 다르기에 이번 물건지의 계고는 직접 참여하지 않고 집행관님이 별도로 계고를 진행한 후에 연락을 받아 다음 절차를 진행하였다.

계고 시 소유자의 부재여부와 상관없이 개문을 하는 경우와 그렇지 않은 경우가 있을 수 있다. 계고 후 강제집행절차 신청을 하고 집행날짜를 기다리고 있을 때 쯤, 2주 뒤 50대의 여성분에게서 소유자라고 연락이 왔다. 전 소유자가 인도명령 결정문을 받고난 후에 협의하려는 의사가 있었다면 얼마든지 미리 연락을 할 수 있었음에도 첫 통화에서 여러 가지 이유로 화를 내면서 상대방의 이야기를 듣지 않고 본인의 이야기로 언성을 높였다. 보통 협의로 날짜를 지정하여 좋게 나갈 수 있다면 전 소유자에게 좋은 일일 터인데도 막무가내로 고집을 피우다가 계고 이후 강제집행까지 당하는 어리석은 경우가 많기에 본인 사정이야기로 시간을 끄는 것은 좋지 않다.

기일입찰표에 낙찰자의 연락처가 있었음에도 소통의 의사가 없는 사람들은 먼저 연락을 하지 않는다. 최선의 명도방법은 협의라 생각하기에, 그래도 전 소유자의 이사 시간 정도는 주는 편이었다. 이번에도 고등학생 자녀의 학업문제로 자녀에게 상처가 되지 않는 선에서 충분한 시간을 주어 협의를 하였다. 그런데 이사를 간다던 날짜의 오전 시간, 한창 이사를 진행 중 일거라 생각을 하고 아파트 현관의 번호키를 받기위해 해당 부동산으로 찾아갔는데, 다른 통보 없이 전날 이사를 간 상태였고, 현관의 도어락, 거실등, 주방등 등의 부착물을 떼어간 상태였다. 이렇게 편의를 봐주어도 좋은 마무리를 할 수 없는 경우가 많기에 이번에도 씁쓸한 명도로 마무리 되었다.

　해당 부동산은 명도이후 보유하고 있다가 2020년 1월 15일, 4억8,000만 원에 단기 매도하였다. 그 이후 구리시 수택동에 분산하여 여러 채의 다세대 주택을 매입하였고, 2021년 4월 현재 수택동 지역에 가칭 추진위원회 사무실이 개소하여 동의서를 징구 중으로 시세가 급격히 상승하고 있다.

〈경매 실전 성공〉.3
3억890만 원 낙찰,
3억7,700만 원 단기 매도

다음은 사건번호 2018타경 9857, 세 번째 낙찰 사례다.

두 번째 낙찰 이후 관심을 가졌던 지역은 김포의 아파트였다. 김포 지역은 개발 여지가 많은 곳으로, 2020년 9월 김포도시철도가 개통예정이었다. 김포는 서울과의 접근성이 좋아지고 투기지역이나 투기과열지구와 비교하여 대출규제가 상대적으로 느슨한 곳으로 가격에 대한 풍선효과를 기대할 수 있는 곳이었다. 그래서 두 번째 낙찰 이후 김포 지역 아파트에 여러 차례 입찰했으나 번번이 패찰하였다.

그러던 중 김포시 장기동의 신ㅇ지ㅇ 아파트가 눈에 띄었다.

권리분석상 낙찰자 인수사항이 없는 일반물건으로, 소유권 취득 후에 전 소유자와 이사비용 지불 조건으로 협의하면 명도가 쉽게 될 것으로 판단하고 임장(현장조사)을 시작했다.

부동산을 통해 매매가 나온 ㅇㅇㅇ동 ㅇ층의 다른 호수와 ㅇ층

물건을 볼 수 있었다. ㅇㅇㅇ동 바로 앞은 공원이 있어 답답함이 없었다. 5층 이상은 거실과 안방에서 공원의 나무를 볼 수 없는 높이였고, 3층은 조망권이 아주 좋았다. 이에 입찰을 결심했고, 2019년 7월 16일 감정가격의 95.93%에 ㈜ㅇㅇ인베스트먼트 법인 명의로 낙찰을 받았고, 2019년 8월 14일 소유권을 취득하였다.

경매 초보자는 다소 높게 입찰 가격을 썼다고 생각할 수도 있겠지만 아파트 200미터 내에 장기역이 개통 예정이었다. 또한 전세 가격이 상승하고 있었기에 임대를 놓는 것만으로도 투자금액을 회수할 수 있을 것으로 판단했고 예상은 틀리지 않았다. 전세가, 매매가 모두 상승하기 시작했다.

낙찰을 받고 소유권을 취득했다면, 다음은 명도 과정이 남았다.

나는 명도 협상을 소유권 취득 후에 시작한다. 어떤 경매 책을 보면 낙찰받은 날 바로 경매사건부동산에 찾아가 명도 협상을 하는 것이 시간을 줄이는 것이라고 하는데 나는 의견을 좀 달리한다. 낙찰을 받았다는 것은 일반매매로 따지면 계약금을 납부한 것으로, 아직 소유자도 아닌데 경매사건 부동산에 거주하는 소유자나 임차인을 만나 감정적으로 자극할 필요는 없다. 빨리 만난다고 해서 빨리 명도를 받는 것도 아니다. 낙찰 이후 소유권 취득까지는 한 달이면 충분하다. 소유권 취득 이후에 명도 협상을 해도 늦지 않는다.

신ㅇ지ㅇ 아파트는 소유권 취득 후 전 소유자와 이사비용 150만 원 지불 조건으로 명도 협상이 원활하게 이루어졌고, 4주 후에 부동산을 인도받았다. 내부 상태는 좋았고, 임대하여 투자금액을 대부분 회수하였으며, 2020년 5월 21일 3억7,700만 원에 매도하였다.

아래는 신ㅇ아파트를 3억7,700만 원에 매도한 등기사항전부증명서이다.

13	소유권이전	2019년8월14일 제65301호	2019년8월14일 임의경매로 인한 매각	소유자 주식회사 ███인베스트먼트 경기도 용인시 ███████ ███, ███동 6호 (죽전동,███████)
14	6번가압류, 7번가압류, 8번임의경매개시결정, 9번임의경매개시결정, 10번압류, 11번압류, 12번압류등기말소	2019년8월14일 제65301호	2019년8월14일 임의경매로 인한 매각	열 람 용
15	소유권이전	2019년8월14일 제65302호	2019년8월14일 신탁	수탁자 국제자산신탁주식회사 110111-2003236 서울특별시 강남구 테헤란로 419, 20층(삼성동)
	신탁			신탁원부 제2019-9024호
15-1	15번등기명의인표시 변경	2020년1월22일 제6540호	2019년12월30일 상호변경	국제자산신탁주식회사의 성명(명칭) 우리자산신탁주식회사
16	소유권이전	2020년7월30일 제87238호	2020년7월30일 신탁재산의귀속	소유자 주식회사 ███인베스트먼트 경기도 용인시 ███████ ███, ███동 █05호(죽전동,현대███████)

[집합건물] 경기도 김포시 장기동 1624 고창마을 신영지웰 제101동 제3층 제303호

순위번호	등 기 목 적	접 수	등 기 원 인	권리자 및 기타사항
	15번신탁등기말소		신탁재산의귀속	
17	소유권이전	2020년7월30일 제87239호	2020년5월21일 매매	소유자 김███ 840131-******* 경기도 김포시 김포한강██로 ███, ███동 203호(장기동,고창██ ███ ██ ██ ███████) 거래가액 금377,000,000원

다음은 신○아파트의 법원의 매각물건명세서를 기초하여 권리분석에 대해 설명하도록 하겠다.

사건번호 2018타경 9857 신○아파트의 최선순위설정등기 일자는 2017년 2월 28일 근저당이다.

다음으로 점유자란에 조사된 '임차내역 없음'으로 보아 해당 부동산은 소유자가 거주하는 물건임을 알 수 있다. 하단의 빨간 박스의 '1. 등기된 부동산에 관한 권리 또는 가처분으로서 매각으로 그 효력이 소멸되지 아니하는 권리', '2. 매각에 따라 설정된 것으로

사건	2018타경9857 부동산임의경매 2018타경10260(중복)	매각물건번호	1	담임법관(사법보좌관)	
작성일자	2019.05.10	최선순위 설정일자	2017. 2. 28. 근저당권		
부동산 및 감정평가액 최저매각가격의 표시	부동산표시목록 참조	배당요구종기	2019.02.07		

부동산의 점유자와 점유의 권원, 점유할 수 있는 기간, 차임 또는 보증금에 관한 관계인의 진술 및 임차인이 있는 경우 배당요구 여부와 그 일자, 전입신고일자 또는 사업자등록신청일자와 확정일자의 유무와 그 일자

점유자의 성명	점유부분	정보출처 구분	점유의 권원	임대차 기간 (점유기간)	보증금	차임	전입신고일자 사업자 등록신청일자	확정일자	배당요구 여부 (배당요구 일자)
조사된 임차내역 없음									

< 비고

※ 최선순위 설정일자보다 대항요건을 먼저 갖춘 주택·상가건물 임차인의 임차보증금은 매수인에게 인수되는 경우가 발생할 수 있고, 대항력과 우선 변제권이 있는 주택·상가건물 임차인이 배당요구를 하였으나 보증금 전액에 관하여 배당을 받지 아니한 경우에는 배당받지 못한 잔액이 매수인에게 인수되게 됨을 주의하시기 바랍니다.

※ 등기된 부동산에 관한 권리 또는 가처분으로서 매각으로 그 효력이 소멸되지 아니하는 것

해당사항 없음

※ 매각에 따라 설정된 것으로 보는 지상권의 개요

해당사항 없음

※ 비고란

보는 지상권의 개요', '3. 비고란'에 기재사항이 없는 것으로 봐서 낙찰자 인수사항이 없는 초보자가 입찰하기에 적합한 물건이다.

부천3계 사건번호 2018타경9857 (아파트) 명도 에피소드

2019년 7월 16일 낙찰을 받은 경기도 김포시 장기동 고창마을 신○지○ 아파트. 서울의 투기지역, 투기과열지구, 조정대상지역으로 묶이면서 대출 규제로 인하여 서울 인근지역의 풍선효과로 인하여 가격이 상승할 것을 예상하고 서울과 인접한 김포지역의 물건을 찾고 있었다. 입찰 전 경매사건 아파트 내의 부동산을 통해서 같은 동 다른 호수의 내부구조를 확인하였고, 4bay로 같은 34평형의 다른 아파트보다 공간감이 훨씬 더 넓고 아파트 앞에 공원이 위치하여 조망이 좋았다.

김포지역 아파트에 여러 번의 패찰을 통해 낙찰받은 부동산이라서 결과에 만족하였다. 해당 부동산에 거주하는 사람이 소유자

임을 확인을 하였고 최대한 잔금 납부를 빨리하였고, 빠른 명도를 진행하였다.

그런데 내용증명을 발송하였는데 역시 반송이 되어서 돌아왔다. 인도명령을 신청하고 상대방에게 인도명령 결정문이 도달한 후에 바로 계고 신청을 하였다. 부천법원에 계고 신청을 한 후 3주 후쯤에 집행관에게서 연락이 왔다. 통상 집행관님이 계고 후 연락을 주시는데 이번 물건지는 약속을 정해 집행관님과 함께 해당 물건지에 방문을 하였으나 소유자를 만나지 못하였고, 문 앞에 연락처를 붙여두고 연락을 기다렸다.

다음날 40대 중반의 소유자에게서 연락이 왔고, 일주일 뒤에 해당 부동산에서 만나기로 약속을 하였다. 약속한 일자에 해당 부동산을 방문하였고, 소유자가 집 상태에 대해서 꼼꼼하고 자세하게 설명해주었다. 다행히도 이번에 낙찰받은 부동산의 소유자는 보기 드물게 인성이 좋은 사람으로 사업이 어려워져 경매까지 진행이 된 거라고 많이 아쉬워하였다.

전 소유자가 협조를 잘해주어서 계고 신청만 하고 강제집행 없이 이사비용 100만 원을 지불하는 조건으로 명도는 순조롭게 이루어졌다.

〈경매 실전 성공〉.4
최초 감정 가격의 129%로 낙찰

다음은 네 번째로 낙찰받은 사건번호 2019타경 34802 다세대 주택이다.

인천시 부평구 부평동 ○○○-○○ 부○빌라 나동을 최초 감정 가격에서 2,800만 원을 더해 낙찰받은 이유는 해당 지역이 재개발을 다시 추진하고 있었기 때문이다. (구)부개삼이구역은 주민들의 재개발사업 반대와 주민동의율이 낮아 2015년 12월 17일 정비구역이 해제됐던 곳이다. 그러나 인접 지역에 있던 인우주택 재개발구역(부평코오롱하늘채), 부개서초구역 재개발(부평SKVIEW해모로)이 진행되면서 프리미엄이 높게 형성됐고, 수익이 발생하는 것을 직접 보면서 삼이구역도 다시금 재개발에 대한 기대감이 높아졌으며, 충분히 투자가치가 높을 것으로 판단하였다.

나는 꼭 낙찰받겠다는 생각으로 2020년 6월 5일 첫 매각기일에 2,800만 원을 더해 입찰에 참여하였고 법인 명의로 낙찰을 받았

다. 첫 매각기일에 입찰자는 총 11명이었다. 나처럼 다세대주택의 가격이 상승할 거라고 생각했던 사람이 많았다는 것이고, 낙찰받은 나는 운도 좋았다. 이 모든 것이 현장조사를 잘한 덕이다.

2021년 3월 6일 부ㅇ빌라 ㅇ동 동일평형이 1억8,000만 원에 거래됐고, 호가는 2억 원이다.

다음은 부ㅇ빌라의 법원의 매각물건명세서를 기초하여 권리분석에 대해 설명하도록 하겠다.

사건번호 2019타경 34802 다세대주택의 최선순위설정등기 일자는 2013년 10월 23일 근저당이다. 다음으로 점유자란에 조사된 임차 내역 없음으로 해당 부동산은 소유자가 거주하는 물건이다.

하단의 빨간 박스의 '1. 등기된 부동산에 관한 권리 또는 가처분으로서 매각으로 그 효력이 소멸되지 아니하는 권리', '2. 매각에 따라 설정된 것으로 보는 지상권의 개요', '3. 비고란'에 현관문에 심각한 손상이 있는 상태라고 기재된 사항은 교체하면 되는 사항으로 낙찰자 인수사항이 없는 입찰하기에 적합한 물건이었다.

인천16계 사건번호 2019타경34802 (다세대)명도 에피소드

2020년 6월 5일 낙찰을 받은 인천시 부평 부○빌라를 낙찰받고 2020년 6월 26일 대금 완납하고 소유권을 취득하였다. 대금 납부하는 날 인도명령 신청을 접수했다. 약 2주 뒤 인도명령 결정문이 나왔고, 발송인 피발송인(전소유자)에게 발송된 사실을 확인하고 계고(행정조치) 신청을 하였다.

이후 전 소유자를 방문하여 부동산 인도에 대하여 논의하고자 하였으나 협의가 이루어지지 않았고, 부득이하게 계고 이후 강제

집행을 신청하게 되었다.

강제집행 신청 며칠 전 집행관으로부터 강제집행 시 신청인(현 소유자), 증인 2인이 참석해 달라는 연락을 받았다. 강제집행은 오전에 일찍 진행이 되었다. 이미 인도명령 결정문이 도달했다는 사실을 대법원 경매정보 사이트를 통해 확인하였으나, 강제집행 당일 전 소유자가 본인은 인도명령 결정문을 받은 사실이 없다고 주장하며 완강히 버티었다. 그러나 강제집행이 진행되는 순간에는 더 이상 협의할 필요가 없고 당일에 집행을 완료해야만 했다.

현 소유자인 내가 집행관에게 집행해 줄 것을 강력히 요구하자 전 소유자는 3~4개월가량 월세를 지불할 테니 강제집행을 멈추어 줄 것을 요구하기도 했다. 그러나 강제집행까지 가는 경우 마음이 약해져서 전 소유자의 요구사항을 들어주게 되면 차후 문제가 될 가능성이 많다. 그 이유는 몇 개월 후 전 소유자가 약속을 이행하지 않을 시 또 다시 비용을 들여 위와 같은 상황을 반복 해야 한다. 마음이 약해져서 선의를 베푼다고 해도 그 결과가 선의로 돌아오지는 않는다. 그래서 결국은 당일 강제집행을 하였고, 강제집행한 동산은 물류창고에 보관하게 되었으며, 전 소유자가 일주일 뒤 찾아갔다.

명도 이후 도배, 장판, 싱크대를 교체하였고 한달 뒤 전세 8,500에 임대를 하여 자본금을 회수하였다. 위의 물건은 총 매입금액은 취득세,기본수리비용, 강제집행 비용을 포함하여 1억3천200만 원이 들어갔고, 이 중 8,500만 원을 회수하여 실투자금은 4,700만 원

부개삼이구역

이다.

현재 실거래 가격은 1억8천만 원이었고 시세는 2억이 넘는다. 투자금 대비 200% 이상의 수익을 기대할 수 있다. 이 지역은 재개발 추진을 위한 주민동의서를 징구했고, 인천시에 구역지정을 신청하였다. 앞으로도 이 지역의 주택가격은 상승할 것으로 예상된다.

다음은 다섯 번째로 낙찰받은 사건번호 2019타경 4965 근린주택이다.

부모님을 모시고 함께 살 수 있는 수익형 주택을 찾던 중에 부천시 상동에 위치한 근린주택이 경매에 나온 것을 보고 바로 현장조사(임장활동)를 시작했다.

경매사건 부동산이 위치한 곳은 다가구주택과 근린주택이 혼재되어 있고 구획정리(대지로써 이용을 증진하기 위해 도로, 공원, 광장 등을 계획하여 시가지를 만드는 것)와 지중화(송배전선, 송전선로 등을 땅 밑에 묻는 방식)가 잘돼 있는 곳이었다.

경매사건 근린주택은 1층에 상가 3개, 2층은 전용면적 20평 2세대, 3층은 전용면적 41평의 주인세대로 구성이 되어 있었다. 동일구역의 규모가 비슷한 1층 상가는 보증금 2,000만 원에 월세는 60~70만 원이었고, 2층 다가구주택의 보증금도 1층 상가와 비

숫했다. 경매사건 부동산을 낙찰받으면 3층은 은퇴하신 부모님과 함께 살면서 1층과 2층의 월세를 받아 임대수익도 얻을 수 있는 곳이었다.

나는 주거환경이 깨끗한 곳에서 부모님과 함께 살고 싶었고, 감정가격보다 1억 원 높은 금액으로 공동 입찰하여 낙찰을 받았다. 다음은 근린주택의 법원의 매각물건명세서를 기초하여 권리분석에 대해 설명하도록 하겠다.

사건번호 2019타경 4965 근린주택의 최선순위설정등기(말소기준등기) 일자는 2012년 7월 27일 근저당이다.

다음으로 매각물건명세서 점유자란에 조사된 임차내역 중 대

사건	2019타경4965 부동산임의경매 2020타경3329(중복)		매각물건번호	1	담임법관(사법보좌관)	
작성일자	2020.04.01			최선순위 설정일자	2012.07.27. 근저당	
부동산 및 감정평가액 최저매각가격의 표시	부동산표시목록 참조			배당요구종기	2019.06.23	

부동산의 점유자와 점유의 권원, 점유할 수 있는 기간, 차임 또는 보증금에 관한 관계인의 진술 및 임차인이 있는 경우 배당요구 여부와 그 일자, 전입신고일자와 확정일자의 유무와 그 일자

점유자의 성명	점유부분	정보출처 구분	점유의 권원	임대차기간(점유기간)	보증금	차임	전입신고일자.사업자등록신청일자	확정일자	배당요구여부(배당요구일자)
고○석	202호	현황조사	주거임차인		165,000,000		2017.08.31		
	202호 전부	권리신고	주거임차인	2017.08.25~	165,000,000	0	2017.08.31	2017.08.31	2019.06.21
김○윤	일부(201호)	권리신고	주거임차인	2010.01.29~	125,000,000		2010.02.04	2012.02.14	2019.06.19
김○정		현황조사	점포임차인		5,000,000	400,000	2013.05.24		
문○북		현황조사	점포임차인		25,000,000	700,000	2017.07.31	2017.07.31	
박○석	201호	현황조사	주거임차인		170,000,000		2010.02.04		
소○진	1층 가운데	현황조사	점포임차인		25,000,000	700,000	2018.11.09	2018.11.20	
	1층 중 35㎡	권리신고	점포임차인	2018.10.25~	25,000,000	700,000	2018.11.09	2018.11.20	2019.06.19
이○문	1층 좌측	현황조사	점포임차인		30,000,000	650,000	2019.06.19		
	1층 일부 101호	권리신고	점포임차인	2017.02.10~	30,000,000	650,000	2019.06.19	2019.06.19	2019.06.20
조○은	1층 우측	현황조사	점포임차인		30,000,000	300,000	2018.05.24	2018.05.24	
	1층 우측	권리신고	점포임차인	2014.05.23~	20,000,000	500,000	2016.10.05	2016.10.05	2019.06.24

< 비고 >
김 ○ 윤 : 임차인6 박_석의 배우자임, 계약서상 점유기간은 2012. 1. 29. 부터이나 권리신고서상 기재일자는 2010. 1. 29. 부터임/ 임대차보증금 변동 및 확정일자 내역은 다음과 같음 : 1억 2,500만원-2012. 2. 14 / 1억 3,000만원 - 2013. 5. 2 / 1억 3,500만원 - 2014. 3. 28 / 1억 6,000만원 - 2015. 1. 22 / 1억 7,000만원 - 2018. 2. 1.임
박_석 : 임차인6 김_윤의 배우자임
조_은 : 사업자등록신청일은 제출된 상가건물임대차현황서상 2019. 6. 19.이나 권리신고서상 기재일자는 2013. 5. 20.임
조_은 : 임대차보증금 변동 및 확정일자 내역은 다음과 같음. 보증금 2,000만원 월세 50만원-2016. 10. 5 / 보증금 3,000만원 월세 30만원 - 2018. 8. 13임 사업자등록신청일은 제출된 상가건물임대차현황서상 2016. 10. 5.이나 권리신고서상 기재일자는 2014. 5. 15.임

※ 최선순위 설정일자보다 대항요건을 먼저 갖춘 주택.상가건물 임차인의 임차보증금은 매수인에게 인수되는 경우가 발생할 수 있고, 대항력과 우선 변제권이 있는 주택.상가건물 임차인이 배당요구를 하였으나 보증금 전액에 관하여 배당을 받지 아니한 경우에는 배당받지 못한 잔액이 매수인에게 인수되게 됨을 주의하시기 바랍니다.

※ 등기된 부동산에 관한 권리 또는 가처분으로서 매각으로 그 효력이 소멸되지 아니하는 것
배당사항 없음

※ 매각에 따라 설정된 것으로 보는 지상권의 개요
배당사항 없음

※ 비고란
일괄매각/ 건축물대장의 용도는 기타사무소 및 휴게음식점이나 현황 점포로 이용중임.

항력 있는 임차인은 2010년 2월 4일 전입신고한 김○윤과 박○석이다. 박○석은 김○윤의 배우자이고 대항력 있는 임차인 김○윤은 확정일자를 받았고, 배당요구종기일 전 배당요구를 신청하여 우선변제권을 통해 보증금 전액을 배당받는다.

이는 낙찰자가 낙찰대금 외에 인수하는 보증금이 없다는 것이다. 다음으로 다른 임차인들은 최선순위설정등기(말소기준등기)보다 전입신고일자, 사업자등록신청일자가 늦어 대항력이 없고 낙찰자

가 인수하지 않아도 된다.

하단의 빨간 박스의 '1. 등기된 부동산에 관한 권리 또는 가처분으로서 매각으로 그 효력이 소멸되지 아니하는 권리', '2. 매각에 따라 설정된 것으로 보는 지상권의 개요', '3. 비고란'에 '일괄매각(토지+건물)/건축물대장의 용도는 기타사무소 및 휴게음식점이나 현황 점포로 이용 중임'은 문제없는 것으로 권리분석이 어렵지 않은 일반물건이었다. 해당 경매 물건은 2020년 6월 9일 낙찰을 받고, 2020년 7월 9일 소유권을 이전했다.

소유권 이전을 하는 날 해당 부동산에 거주하는 대항력 없는 임차인과 전 소유자를 상대로 집행법원에 인도명령을 신청했다.

부천3계 사건번호 2019타경4965 (근린주택) 명도 에피소드

2020년 7월 9일 인도명령 신청 후 2주 뒤 집행법원으로부터 인도명령 결정문이 발송인(소유자)과 피발송인(대항력 없는 임차인, 전 소유자)에게 각각 도달했다. 도달 이후 경매사건 부동산 1층에 상가 임차인들과 명도 협상을 시작했다. 상가 임차인 중 102호와 103호 임차인은 보증금 전액을 배당받는 임차인으로 배당 일에 명도하기로 협의가 되었으며, 101호 임차인은 보증금 3천만 원을 배당재단으로부터 배당받지 못하는 임차인이었으나 전 소유자가 낙찰대금의 일부를 배당받기 때문에 보증금을 반환받기로 협의가 되었다고 하여 비교적 상가 부분의 명도는 쉽게 정리가 되었다.

다음으로 2층 두 세대의 경우에는 201호, 202호 임차인 모두가 배당재단에서 보증금 전액을 배당받기 때문에 배당받는 기일에 맞추어 모두 이주하기로 협의가 되었다.

3층 전 소유자의 경우에는 임차인들의 명도 협상을 하러 가던 날 우연히 마주쳤고, 3층의 내부를 확인할 수 있었다. 전 소유자의 만남은 명도 하는 데 크게 어려움이 없을 것이라고 생각했다. 하지만 그 이후 이사협의 과정에서 무리하게 이사 날짜를 길게 요구하는 등 비협조적으로 나와 결국 계고(행정조치)를 하였고, 강제집행 신청까지 하게 되었다.

계고 이후에 전 소유자로부터 배당받는 날 이사를 하겠다는 연락을 받았고, 3층을 명도 받고 그 이후 강제집행 신청을 취소하였다. 보통은 임차인, 전 소유자와의 첫 대면에서 협조적인 분위기로 나와도 명도가 어려울 수 있어 명도 협상과는 별개로 강제집행 절차는 진행하는 전략이 필요하다. 명도 협상이 잘 될 것으로만 생각해서 강제집행 절차를 진행하지 않게 되면 명도 협상이 틀어지는 경우 다시 계고 및 강제집행 절차를 진행해야 하기 때문에 명도기간이 길어질 수 있다.

이렇게 근린주택의 임차인이 여러 명 있는 물건이나 아파트처럼 임차인이 한두 명 있는 물건이나 권리분석은 큰 차이가 없다. 임차인이 많은 주택이라고 해도 매각물건명세서상의 최선순위설정등기(말소기준등기)와 임차인의 대항력 발생 시점과 비교만 하면 권리분석은 어렵지 않다.

〈경매 실전 성공〉.6
지하층, 돈 되는 틈새 물건

경매 물건 중 지층 물건은 지상의 물건보다 입찰 경쟁률이 낮고 낙찰받을 확률은 높아진다. 지하층은 아무래도 채광이 좋지 않고 습하다는 단점 때문일 것이다. 또한 자신이 거주할 목적이라면 지하층에 입찰하려고 하는 사람은 많지 않을 것이다. 그러나 거주 목적이 아닌 투자 목적이라면 얘기는 전혀 달라진다. 부동산은 지상층만 돈이 되는 것은 아니라는 것이다.

다음은 북부1계 2020-111611 경매사건으로 전세보증금을 받아 투자했던 금액을 전액 회수한 물건이다.

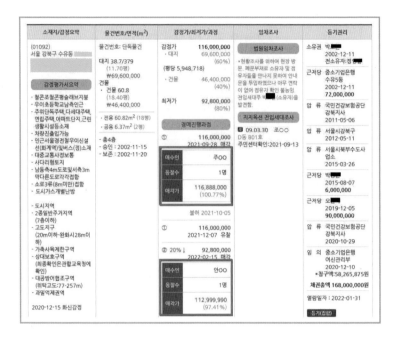

위 경매사건은 법원 서류상 소유자가 거주 중인 물건이다. 근저당권자인 중소기업은행이 임의경매를 신청한 사건으로 권리분석상 낙찰자 인수사항이 없는 일반물건이다.

2021년 9월 28일 첫 매각기일에 주○○이 감정가격보다 조금 높은 116,888,000원에 낙찰을 받았으나 2021년 10월 7일 최고가매수인이 매각허가에 대한 이의신청서(즉시항고)를 제출하였고 최종 불허된 사건이다.

최고가매수인의 이의신청사유는 매각물건명세서 비고란에 기재된 내용으로 경매사건부동산의 하자 때문이다.

서 울 북 부 지 방 법 원

매각물건명세서

사 건	2020타경111611 부동산임의경매	매각 물건번호	1	작성 일자	2021.11.08	담임법관 (사법보좌관)	박▮▮▮	▮▮▮
부동산 및 감정평가액 최저매각가격의 표시	별지기재와 같음	최선순위 설정		2002.12.11. 근저당권		배당요구종기	2021.02.22	

부동산의 점유자와 점유의 권원, 점유할 수 있는 기간, 차임 또는 보증금에 관한 관계인의 진술 및 임차인이 있는 경우 배당요구 여부와 그 일자, 전입신고일자 또는 사업자등록신청일자와 확정일자의 유무와 그 일자

점유자의 성 명	점유부분	정보출처 구 분	점유의 권 원	임대차기간 (점유기간)	보 증 금	차 임	전입신고일자,사업 자등록 신청일자	확정일자	배당요구여부 (배당요구일자)

조사된 임차내역없음

※ 최선순위 설정일자보다 대항요건을 먼저 갖춘 주택·상가건물 임차인의 임차보증금은 매수인에게 인수되는 경우가 발생 할 수 있고, 대항력과 우선변제권이 있는 주택·상가건물 임차인이 배당요구를 하였으나 보증금 전액에 관하여 배당을 받지 아니한 경우에는 배당받지 못한 잔액이 매수인에게 인수되게 됨을 주의하시기 바랍니다.

등기된 부동산에 관한 권리 또는 가처분으로 매각으로 그 효력이 소멸되지 아니하는 것

매각에 따라 설정된 것으로 보는 지상권의 개요

비고란

2021. 9. 28.에 매각되었으나 최고가매수인의 침수를 원인으로 하는 매각허가결정에 대한 이의가 있어 매각불허가결정된 바 있음

불허 결정 이후 1회 유찰되었으나, 2022년 2월 15일 112,999,990원에 단독으로 입찰하였고, 2022년 3월 8일 소유권을 이전하였다.

입주할 물건도 아니고 더군다나 매각물건명세서에 침수를 원인으로 하는 매각불허가신청사유까지 기재돼 있음에도 '왜? 낙찰을 받았을까?' 궁금할 것이다.

낙찰받은 이유는 단순하다. 돈이 되는 틈새 물건이라고 판단했기 때문이다. 우이신설선 화계역까지의 거리는 380미터로 가까워 임대수요도 꾸준한 곳이었다.

먼저 부동산의 실거래 가격을 조사했다. 경매사건의 부동산 2층(대지지분, 전용면적 동일)이 2021년 8월 26일 2억5,600만 원에 거

출처: 부동산플래닛

래가 됐고 전세 가격도 2억 원 선으로, 인근지역 다세대주택의 가격도 비슷하게 형성됐다.

지하 물건이라고는 하나 감정가격이 시세보다 낮게 평가됐고, 낙찰받은 뒤 전세로 임대를 해도 투자금액을 모두 회수할 수 있는 물건이었다.

전세는 LH(토지, 주택공사)나 일반전세로 놓을 수 있다. LH 전세로 놓는다고 하면 경매사건의 2021년 공시가격이 8,830만 원으로 공시가격의 150%에서 500만 원 공제(8,830×150%−500)한 1억2,700만 원까지 놓을 수 있다는 얘기로, 투자금액을 전액 회수할 수 있다는 것이다. 일반전세도 비슷한 금액 수준이었다.

또한 소로(폭이 좁은 도로)를 기준으로 경매 물건 바로 앞 우이초등학교 주변에 재개발을 위해 (가칭) 우이초1구역, 2구역 지역주민들이 동의서를 징구하고 있었다. 경매사건 부동산도 3~4년 후에는 일부 지역을 제외하면 노후도. 호수밀도가 맞을 만한 지역으로, 투자하기에 충분하다고 판단했다.

북부1계 2020 타경 111611 (다세대) 명도 에피소드

2022년 2월 15일 낙찰을 받고 2022년 3월 8일 대금 완납하고 소유권을 취득하였다. 대금 납부와 동시에 서울북부지방법원에 인도명령신청을 접수했고, 약 2주 뒤 인도명령 결정문이 나왔다.

대법원 경매정보를 통해 피발송인(전소유자)에게 송달된 사실을 확인하고 계고를 신청하였다. 2022년 3월 28일 전 소유자를 방문하여 부동산 인도에 대하여 논의하고자 하였으나 폐문부재로 만나지 못했고 계고 이후 강제집행절차를 통해 부동산을 인도받았다.

6장

소액 갭투자
실전 성공 케이스

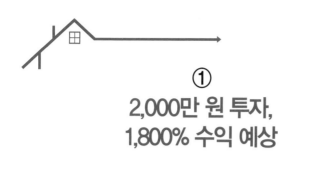

①
2,000만 원 투자,
1,800% 수익 예상

2020년 5월 6일 정부의 공공재개발 공급대책 발표 이후부터 2,000~3,000만 원으로 투자를 할 곳을 찾아 경기도 구리시 인창동과 수택동 일대의 소형 다세대주택과 연립주택 임장을 다녔다. 구리시를 선택한 이유는 개발 가능성을 염두 했기 때문이다.

경기도 구리시의 인창동과 수택동은 2010년 5월 11일 재정비촉진지구 재정비촉진계획 결정고시가 됐다가 인창동 C구역, 수택동 E구역만 재개발사업이 진행되고 있었고, 다른 구역 등은 재개발구역이 해제됐던 곳이었다.

임장을 다닐 당시 수택동의 신축아파트 e편한세상 센트럴파크 34평형의 시세는 12억5,000만 원이었고, 인창동의 e편한세상 어반포레 34평형의 시세는 13억 원에 형성돼 있었다.

출처: 네이버

경기도 구리시를 선택한 이유는 명료했다, 최근 3년간 주택가격의 변동이 없었고, 인창동 C구역, 수택동 E재개발구역이 관리처분 이후 이주를 시작하면 이주수요로 주변 전세 가격이 상승할 것이었다. 그리고 소형 다세대주택, 연립주택에 대한 수요도 증가하여 매매 가격도 상승할 것으로 판단했다. 또한 인창동과 수택동 재개발 해제 구역들은 재개발 구역 지정 요건에서 중요한 노후, 불량 건축물의 비율이 높아 언제든 개발 가능성이 많은 곳으로, 2020년 5월에도 적은 금액으로 투자하기에 적합한 곳이었다.

2020년 5월 7일부터 두 달 동안 임장을 하고 물건을 찾던 중 2020년 7월 1일 구리시 수택동 ○○○-○○ 영○빌라 ○○○호 대지 지분 10.67평, 전용면적 10.2평(대지 지분이 전용면적보다 많은)을

1억 원 매입했다. 전세는 8,000만 원이었고 실제 투자한 금액은 2,000만 원이었다. 열심히 다리품을 팔아 시세보다 낮게 매입할 수 있었다.

순위번호	등 기 목 적	접 수	등 기 원 인	권리자 및 기타사항
			정부지원의 가압류 결정 (99카단00 00)	서울 서초구 방배동 913-32
4	2번가압류등기말소	2000년11월30일 제24419호	2000년11월22일 해제	
5	3번가압류등기말소	2001년6월30일 제18918호	2001년6월26일 해제	
6	소유권이전	2007년1월5일 제680호	2006년8월10일 매매	소유자 최ㅜ니 7ﻟﻟ10-******* 경기도 파주시 경신그린아파트 10% 거래가액 금59,000,000원
7	소유권이전	2020년8월24일 제29056호	2020년7월1일 매매	소유자 안 리 8ﻟﻟ07-******* 인천광역시 부평구 거래가액 금100,000,000원

[집합건물] 경기도 구리시 수택동

수택2동은 재개발지역의 이주 수요로 인한 전세 가격 상승과 맞물려서 재개발에 대한 기대감이 커지면서 내가 매입한 대지 지분 10평 기준의 다세대주택이 4억 6천만 원 선에 거래가 됐다. 영ㅇ빌라를 매입하기 위해 내가 투자한 금액은 2,000만 원인데, 투자금의 18배인 3억6천만 원이 넘게 시세 차액이 발생한 것이다. 이제 나는 언제든 매도한다고 해도 수익이 나는 구간에 진입한 셈이었다.

이렇듯 적은 금액으로도 큰 시세 차액이 발생할 수 있는 곳은

구리시 수택동 지역주민들의 활동 모습

앞으로도 얼마든지 찾을 수 있다. 2020년 5.6 대책인 정부의 공공 재개발, 8.4 대책인 공공 재건축, 2021년 2.4 대책인 도심 공공주택 복합사업, 공공직접시행 정비사업 등 공급대책의 확대로 인해 노후 저층주거지역 및 재개발구역에서 해제됐던 지역을 중심으로 재개발 이슈가 커져 가격이 상승할 것이다.

이런 지역을 공략하면 충분히 적은 금액으로도 투자수익을 거둘 수 있다. 서울 지역은 가격이 높아 매입할 수 있는 곳이 없으니 수도권 지역의 재개발 인근지역 및 노후불량건축물의 비율이 높은 곳, 또한 교통망이 새롭게 신설되는 곳을 찾아 투자하는 것이 좋다.

2020년도 12월부터 지역주민들이 다시 재개발 구역 지정을 받기 위해 사전 타당성 검토요청 신청서를 징구받기 시작했다.

2021년 7월 구리시에 구역지정 동의서를 접수했고, 2021년 8월 10일 수택동 ○○○-○번지 일대를 도시 및 주거환경정비법 제14조 1항 제3호 및 같은 법 시행령 제12조와 경기도 도시 및 주거환경 정비조례 제9조에 따라 무분별한 건축행위를 방지하고 향후 정비사업의 원활한 추진할 목적으로 건축법 제18조에 따라 건축허가 제한 공고가 발표됐다. 이는 일명 지분쪼개기(단독, 다가구를 멸실하고 다세대주택으로 건축)를 금지한 것이다.

토지 등 소유자 수가 늘어나면 재개발이 됐을 때 일반분양 분이 적어져서 조합원의 분담금이 늘어나게 되고, 손해를 보게 된다.

| 구리시 건축허가 제한지역 지형도면 |

출처: 구리시

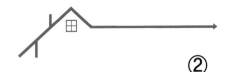

②
8,75만 원 투자,
800% 수익 예상

1,200만 원 투자 580% 수익 예상
무피 투자금 0원, 8,500만원 가격 상승

2020년 8월 말 구리시 수택동 영○빌라를 소유권 이전하고 건강상의 이유로 3개월간 휴식기간을 가졌다.

휴식기간 재개발에 대해서 좀 더 공부가 필요하다고 생각하여 관련 서적을 읽기 시작했다. 책에 나와 있는 내용을 바탕으로 재개발 구역을 방문하여 매매 물건도 알아봤으나 이미 재개발이 진행되는 곳은 가격이 너무 높게 형성되어 있었고 내게는 맞지 않았다. 이에 나는 실투자금 1,000~2,000만 원으로 매입할 수 있는 곳을 찾아 수원, 안양, 군포 지역의 실거래 가격을 조사하기 시작했다.

그렇게 수도권을 알아보던 중 수원시 장안구 조원동이라는 곳을 찾게 되었다.

매입 동기는 첫째, 조원동은 착공 예정인 지하철도 신수원선(인동선) 및 신분당선(호매실선)과의 거리가 1~1.2km에 인접한 지역이었다.

둘째, 장안 111-4구역 재개발이 진행되는 바로 인접 지역에 위치하였고, 최근 5년간 주택가격의 변동이 적었으며, 전세 가격 상승으로 매매 가격과 전세 가격의 차이가 크지 않았으므로 갭투자하기에 적합하다고 판단했다.

| 인동선, 신분당선 예정지 |

투자지역을 선택한 이후 바로 현장 부동산을 방문하여 매매물건을 찾았고 적당한 물건을 매입하게 됐다.

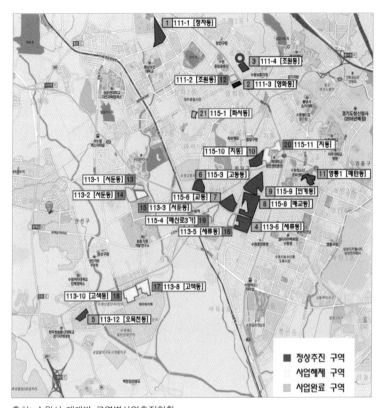

1	111-1 [정자동]
3	111-4 [조원동]
2	111-3 [영화동]
111-2 [조원동]	12
21	115-1 [화서동]
20	115-11 [지동]
115-10 [지동]	10
11	영통1 [매탄동]
113-1 [서둔동]	13
6	115-3 [고등동]
113-2 [서둔동]	14
115-6 [교동]	7
9	115-9 [인계동]
15	113-3 [서둔동]
8	115-8 [매교동]
115-4 [매산로3가]	19
4	113-6 [세류동]
113-5 [세류동]	16
17	113-8 [고색동]
113-10 [고색동]	18
5	113-12 [오목천동]

■ 정상추진 구역
□ 사업해제 구역
▨ 사업완료 구역

출처: 수원시 재개발 구역별사업추진현황

첫 번째 매입한 물건은 수원시 장안구 조원동 ○○○-○번지의 다세대주택으로 대지지분은 10.4평, 전용면적은 12.57평이며 총 3층의 302호 물건이었다.

매매 가격은 9,600만 원이었고 공가상태로 주변에 전세 임대된 다세대주택을 기준으로 판단했을 때 8,000~8,500만 원에는 임대를 놓을 수 있는 물건이었다. 매입하기 전, 3층 중 3층 물건이라서

옥상의 방수 처리는 제대로 되어 있는지도 살펴보았다. 방수 처리가 안 된 물건은 차후 누수 등의 문제가 생길 수 있어 꼼꼼히 살펴봐야 한다.

중개부동산을 통하여 매도인에게 다음과 같은 매매조건을 제시하였다. 계약금은 매매 가격의 10%를 지불하고, 3개월의 잔금 기간을 통해 전세 놓는 조건으로 전세 잔금을 매매 잔금으로 대체하기로 하고 매입을 했다. 3개월이면 일반 전세든 LH(한국토지주택공사)나 GH(경기주택도시공사)를 통해 전세를 구하는 임차인들에게 전세를 놓을 수 있는 충분한 시간이었다.

2021년 1월 5일 매매계약을 체결한 다음, 2월 중순 8,500만 원에 전세를 놓고 4월 초 소유권을 이전하였다. 이 물건을 매입하는데 갭투자금 1,100만 원과 취등록세 150만 원, 중개수수료 50만 원을 포함하여 총 1,300만 원을 투자했다. 전세계약기간 종료후 계약갱신청구 권을 통해 5% 인상을 하여 계약연장을 하였다. 현재 시세는 1억7,000만 원에 형성됐으며 매입가격보다 7,000만 원이 상승했다. 투자금 총 875만 원, 시세 상승 7,000만 원으로 예상수익률은 800%이다.

다음은 등기부등본과 전세계약서이다.

3 계약일: 2022년 2월 8일

4 주택의 표시

주택 소재지	수원시 장안구 조원동 ▉▉▉▉▉▉▉▉▉▉		
주택 유형	아파트[ ] 연립[ ] 다세대[ )] 단독[ ] 다가구[ ] 오피스텔[ ] 그 밖의 주택[ ]		
주택 면적	주택면적(전용)	대지면적(공유지분)	방의 수
	41.58		
주택에 딸린 부대시설 복리시설의 종류			
담보 물권 설정 여부	없음[✓]	있음[ ]	-담보물권의 종류 : -설정금액 : -설정일자 :

※ 전용면적, 주거공용면적 및 그 밖의 공용면적의 구분(산정방법)은 「주택법 시행규칙」제2조 및 「주택공급에 관한 규칙」 제21조 제5항에 따른다.

5 계약조건

제1조(전세보증금, 월임차료 및 임대차 계약기간)

① "임대인"은 위 표시주택의 전세보증금. 월임차료 및 임대차 계약기간을 아래와 같이 정하여 "임차인"에게 임대한다.

구분	당초		변경		지급기한		
금액	금 팔천오백만 (₩ 85,000,000	원정)	금 팔천구백이십오만 (₩ 89,250,000	원정)	년	월	일
	금 팔천칠십오만 (₩ 80,750,000	원정)	금 팔천사백칠십팔만칠천오백 (₩ 84,787,500	원정)	2,023년	3월	28일
	금 사백이십오만 (₩ 4,250,000	원정)	금 사백사십육만이천오백 (₩ 4,462,500	원정)	2,023년	2월	8일
	금 (₩	원정)	금 팔천오백만 (₩	원정)	년	월	일
임대차 계약기간	2023년 4월 17일 ~ 2025년 4월 16일						

[집합건물] 경기도 수원시 장안구 조원동				
순위번호	등 기 목 적	접 수	등 기 원 인	권리자 및 기타사항
				부동산등기법 제177조의 6 제1항의 규정에 의하여 1999년 06월 30일 전산이기
2	소유권이전	2007년3월9일 제9870호	2007년1월10일 매매	소유자 주 ▉▉▉▉ 530-****** 안양시 동안구 ▉▉▉▉▉▉▉▉▉▉ 샘마을아파트 ▉▉▉▉▉▉▉ 거래가액 금90,000,000원
3	소유권이전	2021년3월29일 제6550호	2021년1월5일 매매	소유자 안규리 ▉▉▉▉37-****** 인천광역시 부평구 ▉▉▉▉▉▉▉▉▉ 거래가액 금96,000,000원

조원동 경O다세대주택을 매입한 후 신분당선이 예정되어 있는 지역의 물건을 더 매입하기로 결정했다. 신분당선이 예정되어 있는 수성중학교 인근은 재개발구역(장안 111-2구역)에서 해제된 지역이다. 하지만 향후 재개발이 재추진될 수도 있고, 추진이 되지 않아도 역세권으로 가격상승은 충분할 것이라 판단했다.

발품을 열심히 팔았다. 그렇게 한 주를 보내고 2021년 5월 12일 수원시 장안구 조원동 OOO-O 경O연립 O동 OOO호(대지지분 14.43평, 전용면적 16.17평)를 1억2,500만 원에 매입했다. 전세보증금 1억 1,000만 원, 취득세 140만 원, 중개수수료 50만 원, 도배비용 60만 원 등을 합산해 실투자금액은 1,750만 원이다.

경O연립을 매입하기로 한 결정적인 이유는 재개발구역지정 요건인 노후·불량건축물 비율 68.57%와 호수밀도가 68.47로 부합했기 때문이었다.

2022년 3월 기준 경O연립과 같은 지역에 다세대주택의 현재 시세는 1억8,000만 원에 형성됐으며 매입가격보다 5,500만 원이 상승했다. 투자금 총 1,750만 원, 시세상승 5,500만 원으로 예상수익률은 310%이다. 신분당선이 착공하면 수익률은 더 높아질 것이다.

| 노후 · 불량건축물의 비율 |

| 호수밀도 |

출처: GISLaw(구역은 임의 설정함)

　　조원동에서 세 번째로 매입한 물건은 첫 번째로 매입했던 조원
동 경ㅇ주택 근처에 있는 협ㅇ 다세대주택이다. 조원동 ㅇㅇㅇ-
ㅇ번지 협ㅇ 다세대주택 ㅇㅇㅇ호는 대지지분 9.19평, 전용면적
13.86평으로, 이 물건도 경ㅇ주택과 동일하게 전세잔금을 매매잔
금 조건으로 하여 2021년 6월 22일 1억 원에 매입하였다. 그리고
전 소유자가 2021년 8월 30일 LH(한국토지주택공사)에 9,000만 원에

전세계약을 하였다. (계약 당시의 소유권자가 LH와 계약 당사자(임대인)가 된다) LH의 입주자는 2021년 9월 26일 입주하였다.

이 물건을 매입하는 데 갭투자금 1,000만 원과 취등록세 150만 원, 중개수수료 50만 원을 포함하여 총 1,200만 원을 투자했다. 현재 시세는 1억7,000만 원에 형성됐으며 매입가격보다 7,000만 원이 상승했다. 투자금 총 1,200만 원, 시세 상승 7,000만 원으로 예상수익률은 580%이다.

다음은 등기부등본과 전세계약서이다.

경◯ 다세대주택과 경◯연립, 협◯ 다세대주택에 이어 조원동에 네 번째로 매입한 물건은 유◯ 다세대주택이다. 조원동 ◯◯◯-◯◯번지 유◯ 다세대주택 ◯◯◯호는 대지지분 8.16평, 전용면적 10.91평으로, 2021년 7월 9일, 주변 시세보다 싸게 8,500만 원에 매입했다.

간혹 급매가 나오거나 소유자가 부동산에 관심을 갖지 않아 싸게 내 놓는 경우도 있다. 이런 물건은 부동산에 자주 방문하여 중개업 사장님들에게 눈도장을 많이 찍은 사람에게 돌아간다. 그러니 여러분도 다리품을 많이 파시길 바란다.

유◯ 다세대주택은 계약금을 지불하고 소유자가 계약을 해지할 수 없도록 열흘 뒤 중도금도 지급했다(중도금을 지급하면 사실상 계약 해지를 할 수 없게 된다). 낡고 오래된 다세대주택으로, 10년 전 수리한 이후 교체된 것이 없어 2021년 8월 17일 잔금을 치르고 소유권 이전등기를 한 다음날 수리를 시작했다.

씽크대 교체 비용 200만 원, 화장실 전체 수리 비용 250만 원,

전등 교체 및 콘센트 박스 공사 150만 원, 도배 및 장판 교체 비용 150만 원 등 총 수리 비용은 750만 원이 소요됐다.

이처럼 유○ 다세대주택은 기본 수리가 되어 있던 경○ 다세대주택이나 협○ 다세대주택과는 다르게 대대적 수리가 필요했기에 현금 8,500만 원이 전부 투자됐다. 자금 마련은 보험 약관대출로 충당했다. 잔금을 치르고 수리하는 기간 2주. 전세 놓는 기간을 포함하여 3개월이면 충분할 것으로 판단하여 대출을 받아 처리했다. 낡고 오래된 주택이었으나 수리를 하고 나니 썩 괜찮았고, 전세시장에 내놓자마자 2021년 9월 7일 9,500만 원에 전세계약을 맺어 2021년 10월 6일 입주가 진행되었다

유○ 다세대주택의 매입 내역은 다음과 같다.

매입가격 8,500만 원, 취등록세 130만 원, 중개수수료 40만 원, 수리 비용 750만 원, 대출이자 3개월간 60만 원으로 총 투자된 금액은 9,480만 원이다.

하지만 전세를 9,500만 원에 놓았으니 실제 유○ 다세대주택에 투자된 금액은 0원이라고 해야 한다. 현재 시세는 1억7,000만 원으로 매입가격보다 8,500만 원 상승했다. 투자금 대비 수익률은 계산을 할 수 없는 물건이 된 것이다. 무피투자를 한 물건이다.

다음은 등기부등본과 전세계약서이다.

[집합건물] 경기도 수원시 장안구 조원동				
순위번호	등 기 목 적	접 수	등 기 원 인	권리자 및 기타사항
5-2	5번등기명의인표시 변경	2018년2월1일 제2675호	2017년12월13일 전거	김ㅇㅇㅇ 주소 ㅇㅇ광시 ㅇㅇ기 기난분ㅇ 완월남8길 16, 108동 300호 (ㄷㄷ이 세시시이ㄷ)
6	가압류	2012년2월8일 제2893호	2012년2월8일 창원지방법원 마산지원의 가압류결정 (201 2카단194)	청구금액 금8,000,000 원 채권자 경남신용보증재단 +94222-000041+ 창원시 의창구 대원동 123 창원컨벤션센터 4층 (마산지점)
7	6번가압류등기말소	2017년11월24일 제29367호	2017년11월20일 해제	
8	소유권이전	2021년8월17일 제18267호	2021년7월9일 매매	소유자 안규리 ****** ****** 인천광역시 부평구 거래가액 금85,000,000원

빌라전세계약서

임대인과 임차인 쌍방은 아래 표시 빌라에 관하여 다음 내용과 같이 임대차계약을 체결한다.

1. 부동산의 표시

소재지	경기도 수원시 장안구 조원동					
토 지	지목	대	대지권의 비율	27/215.1	면적	215.1㎡
건물	구조	연와조	용도	다세대주택	전용면적	36.07㎡
임대할 부분	위 소재지 부동산 302호(36.07㎡)					

2. 계약할 내용

제1조 (목적) 위 부동산의 임대차에 한하여 임차인은 임차보증금을 아래와 같이 지불하기로 한다.

보증금	金 구천오백만원정	(₩95,000,000)		
계약금	金 오백만원정	(₩95,000,000)은 계약시에 지불하고 영수함.	영수자	印
잔 금	金 구천만원정	(₩95,000,000)은 2021년 10월 06일에 지불한다.		

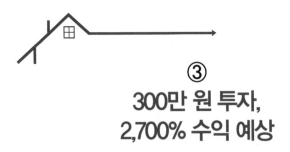

③
300만 원 투자,
2,700% 수익 예상

조원동 다음으로 나의 관심 지역은 수원시 장안구 파장동과 정자동이었다.

파장동은 장안111-1 재개발사업구역 바로 맞은편으로 착공 예정인 신수원선(북수원역)과도 인접하여 지하철도 착공 시 투자금 대비 수익률이 높을 것으로 판단했다. 이에 수원시 장안구 파장동 ○○○-○번지 ○○○호 다세대주택, 대지지분 7.87평, 전용면적 12.55평을 9,000만 원에 매입하였다. 조원동과 같은 매매 방법으로 전세는 8,000만 원에 놓았고 갭투자 금액은 갭 1,000만 원이었다. 갭 1,000만 원을 포함하여 취득세, 중개수수료까지 150만 원, 기본 수리 비용(도배, 장판, 전등 교체) 150만 원 등 총 1,300만 원이 투자 됐고, 현재 시세는 1억7,000만 원으로 8,000만 원이 상승, 전세 세입자가 이사를 가게 되면서 다시 시세에 맞춰 9천만 원에 전세계약을 했다. 투자금은 총 300만 원, 시세 상승 8,000만 원으로

예상수익률은 2,700%이다. 다음은 등기부등본과 전세계약서이
다.

[집합건물] 경기도 수원시 장안구 파장동				

【 표 제 부 】 (전유부분의 건물의 표시)				
표시번호	접 수	건물번호	건물내역	등기원인 및 기타사항
1 (전 1)	1991년12월27일	제3층 제401호	벽돌조 41.49m²	도면편철장 제8책313장
				부동산등기법 제177조의 6 제1항의 규정에 의하여 1999년 09월 10일 전산이기

(대지권의 표시)		
표시번호	대지권종류	대지권비율	등기원인 및 기타사항
1 (전 1)	1 소유권대지권	174.9분의 26.04	1991년11월15일 대지권 1991년12월27일
			부동산등기법 제177조의 6 제1항의 규정에 의하여 1999년 09월 10일 전산이기

【 갑 구 】 (소유권에 관한 사항)				
순위번호	등기목적	접 수	등기원인	권리자 및 기타사항
1 (전 2)	소유권이전	1992년2월21일 제1114호	1992년1월4일 매매	소유자 주 ...... 수원시 장안구 401호
				부동산등기법 제177조의 6 제1항의 규정에 의하여 1999년 09월 10일 전산이기
2	소유권이전	2018년5월4일 제11092호	2018년4월13일 매매	소유자 김 ****** 전라북도 부안군 ...... 거래가액 금75,000,000원
3	소유권이전	2021년3월2일 제4224호	2021년1월21일 매매	소유자 안규리 ......-******* 인천광역시 부평구 ...... 거래가액 금90,000,000원

3 계약일: 2022년 3 월 22일

4 주택의 표시

주택 소재지	수원시 장안구 파장동		
주택 유형	아파트[　] 연립[　] 다세대[　]] 단독[　] 다가구[　] 오피스텔[　] 그 밖의 주택[　]		
주택 면적	주택면적(전용)	대지면적(공유지분)	방의 수
	41.49	26.04	2
주택에 딸린 부대시설 복리시설의 종류			
담보 물권 설정 여부	없음[✓]	있음[　]	-담보물권의 종류 : -설정금액 : -설정일자 :

※ 전용면적, 주거공용면적 및 그 밖의 공용면적의 구분(산정방법)은 「주택법 시행규칙」제2조 및 「주택공급에 관한 규칙」 제21조 제5항에 따른다.

5 계약조건

제1조(전세보증금, 월임차료 및 임대차 계약기간)

① "임대인"은 위 표시주택의 전세보증금. 월임차료 및 임대차 계약기간을 아래와 같이 정하여 "임차인"에게 임대한다.

구분	전세보증금		월 임차료	
금액	금　　　구천만　원정 （￦ 90,000,000)		금 （￦　）	원정
임대차 계약기간	2023년 4월 17일 ~ 2025년 4월 16 일			

② 제1항의 전세보증금 중 금 일백팔십만 원(￦1,800,000)은 "입주자" 금 팔천팔백이십만 원(￦88,200,000)은 "임차인"이 "임대인"에게 지불하며, 월 임차료는 매월 지급기한에 "입주자"가 "임대인"에게 직접 지불하기로 하며, "입주자"가 지급기한 내에 "임대인"에게 지급하지 않아 계약이 해지되는 경우 이에 따른 위약금은 "입주자"가 부담한다.

계 약 금	금　일백팔십　원정	（￦ 1,800,000 원정)은 계약시에 지불		
중 도 금	금　　　원정	（￦　　)은　년　월　일에 지불		
잔　　금	금　팔천팔백이십만　원정	（￦ 88,200,000 원정)은 2023년 4월 17일에 지불		
월임차료	금　　　원정	（￦　　)은 매월　일에 지불		
계좌번호		은행	우리	예금주	산규리

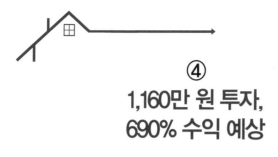

④
1,160만 원 투자, 690% 수익 예상

파장동 물건을 더 매입하려고 찾아봤으나 물건이 나오지 않았다. 그래서 다음으로 매입물건을 찾았던 곳이 파장동 옆 정자동이었다. 정자동도 장안111-1구역 바로 맞은편이고, 주변에는 재건축 연한이 다 되어 가는 동신1차~3차 아파트단지도 있었다. 또한 '수원시 2030 도시 및 주거환경 정비계획'에 재개발 가능 후보지역 및 재개발 가능 지역으로 분류되어 있었다. 정비구역 지정요건을 갖춘 곳으로 투자자들이 매입할 것으로 판단하여 선진입하기로 결정했다.

2021년 4월 22일, 정자동 ○○○-○ 현○ 빌라 ○○○호를 LH(한국토지주택공사) 전세 8,000만 원을 승계하는 조건으로 9,400만 원에 매입했다. 이미 전세가 8,000만 원 들어가 있는 물건으로 1,400만 원을 투자했고 취득세, 중개수수료 160만 원을 포함하여 총 1,560만 원을 투자했다. 정자동은 75%의 지역주민의 재개발추진 동의서를 받았고 매입 시점보다 8,000만 원 상승했다.

이 물건역시 전세계약기간 종료후 계약갱신청구 권을 통해 5%
증액을 하여 계약연장을 하였다. 투자금은 총 1,160만 원, 시세 상
승 8,000만원으로 예상수익률은 690%이다.

다음은 등기부등본과 전세계약서이다.

순위번호	등 기 목 적	접 수	등 기 원 인	권리자 및 기타사항
3	소유권이전	2006년10월30일 제46747호	2006년9월7일 매매	소유자 이○○ ○○○○○ -****** 의왕시 삼동○○○○○○○○○○○○ 거래가액 금42,500,000원
3-1	3번등기명의인표시 변경		2006년12월21일 전거	이○○○ ○○○ ○○○○ ○○○○ ○○ ○○○○ 2006년12월29일 부기
4	소유권이전	2006년12월29일 제63774호	2006년12월15일 매매	소유자 최○○ ○○○○○ -****** 경기도 의왕시 내손동 ○○○○○○○○○○ 19-301 거래가액 금46,000,000원
5	소유권이전	2011년6월23일 제18765호	2011년5월16일 협의분할에 의한 상속	소유자 오. ○○○○○21-******* 대전광역시 서구 ○○○○○○○○○○ ○○-2101
6	소유권이전	2011년7월29일 제22932호	2011년7월2일 매매	소유자 김○○ ○○○○○ -******* 경기도 수원시 장안구 ○○○ ○○○-○○ ○○ 302호 거래가액 금78,000,000원
7	소유권이전	2018년9월17일 제22726호	2018년8월27일 매매	소유자 홍○○ ○○○○○ -******* 경기도 수원시 장안구 ○○○○○○○○ ○○ ○1동 701호 (○○○○ ○○○○○) 거래가액 금89,000,000원
8	소유권이전	2021년5월10일 제10469호	2021년4월22일 매매	소유자 안규리 810201-******* 인천광역시 부평구 거래가액 금94,000,000원

[집합건물] 경기도 수원시 장안구 정자동

5 계약일: 2022년 11월 19일

5 주택의 표시

주택 소재지	수원시 장안구 정자동 ▓▓▓▓▓▓▓▓▓▓▓▓▓▓▓		
주택 유형	아파트[ ] 세대[ ] 단독[ ] 다가구[ ] 오피스텔[ ] 그 밖의 주택[ ]		
주택 면적	주택면적(전용)	대지면적(공유지분)	방의 수
	45.39		
주택에 딸린 부대시설 복리시설의 종류			
담보 물권 설정 여부	없음[ ]	있음[ ]	-담보물권의 종류 : -설정금액 : -설정일자 :

※ 전용면적, 주거공용면적 및 그 밖의 공용면적의 구분(산정방법)은 「주택법 시행규칙」제2조 및 「주택공급에 관한 규칙」 제21조 제5항에 따른다.

5 계약조건

제1조(전세보증금, 월임차료 및 임대차 계약기간)

① "임대인"은 위 표시주택의 전세보증금. 월임차료 및 임대차 계약기간을 아래와 같이 정하여 "임차인"에게 임대한다.

구분	당초	변경	지급기한		
전세보증금	금 팔천만 원정 (₩ 80,000,000)	금 팔천사백만 원정 (₩ 84,000,000)	년	월	일
전세임대대여금	금 칠천팔백사십만 원정 (₩ 78,400,000)	금 팔천이백삼십이만 원정 (₩ 82,320,000)	2022년	12월	8일
입주자 부담금	금 일백육십만 원정 (₩ 1,600,000)	금 일백육십팔만 원정 (₩ 1,680,000)	2022년	11월	19일
월 임차료	금 원정	금 원정	년	월	일
임대차 계약기간	2022년 12월 8일 ~ 2024년 12월 7일				

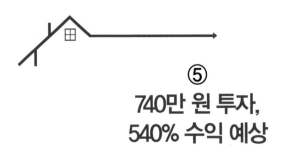

⑤
740만 원 투자,
540% 수익 예상

　3기 신도시 인천계양지구에 인접한 아파트 경매 물건에 입찰하기 전, 시세 조사를 하기 위해 2021년 5월 15일 아침 일찍 현장으로 향했다. 인천 계양구는 부모님이 살고 계시는 부천 상동에서 8km, 15분 내외 거리에 있는 곳으로, 결혼한 남동생이 신혼생활을 했던 곳이기도 하여 낯설지 않은 지역이었다.

　몇 군데 부동산을 통하여 매매 가격 및 전세 가격의 시세를 확인했고, 생각했던 대로 내 투자원칙에 맞게 입찰 가격도 결정했다. 다음으로 아파트 입찰과는 별개로 평소 임학역 주변에 낡고 오래된 다세대 주택에도 관심이 있어 주택가에 있는 부동산을 방문했다. 소액으로 갭투자 할 수 있는 물건이 있는지 문의했더니 당일 몇 개 물건을 볼 수 있다고 하여 부동산 사장님과 물건을 보러 갔다.

　임학역과 계산역 주변은 저층아파트와 단독, 다세대주택이 혼재된 곳으로, 노후불량 건축물이 많은 곳이었다. 노후도만 충족되면 언제든 재개발 이슈가 터질 지역이었다. 위치상으로도 임학동은 인천1호선 임학역과 계산역 사이에 있고 3기 신도시 계양지구가 들어서면 충분히 가격이 상승할 곳이라 판단했다.

그렇게 임학동을 방문한 첫날, 임학동 ○○-○○, ○○○호, 대지지분 8.36평, 전용면적 14.94평, 전세보증금 8,500만 원을 승계하는 조건으로 5월 15일 9,100만 원에 매입했다.

갭투자 금액 600만 원, 취등록세 및 중개수수료 140만 원 포함하여 총 투자한 금액은 740만 원이다. 투자금 총 740만 원, 시세상승 4,000만 원으로 예상수익률은 540%이다.

이렇게 짧은 시간 가격이 상승한 이유는 임학동이 초기 재개발을 추진하고 있었기 때문이다. 초기 재개발 가능지역에 투자하기 위해서는 기본적으로 자료조사를 해야 한다. 자료조사라고 하면 토지조사 원본(토지 등 소유자 수). 사업성 분석표(인근지역 아파트 가격 참고), 구역 내 사업부지 면적을 통해 지자체 조례에 부합하는 건립 예상가구수를 예측할 수 있어야 한다. 이는 도시 및 주거 환경정비법 시행령 주택의 규모 및 건립 비율을 참고하여 분석하면 된다.

다음은 등기부등본과 전세계약서이다.

[집합건물] 인천광역시 계양구 임학동				
순위번호	등 기 목 적	접 수	등 기 원 인	권리자 및 기타사항
16	소유권이전	2021년5월24일 제215298호	2021년5월15일 매매	소유자 안규리 ○1○0○, -****** 인천광역시 부평구 거래가액 금91,000,000원

계약조건

제1조(전세보증금, 월임차료 및 임대차 계약기간)

① "임대인"은 위 표시주택의 전세보증금, 월임차료 및 임대차 계약기간을 아래와 같이 정하여 "임차인"에게 임대한다.

구분	전세보증금		월임차료	
금액	금 팔천오백만 원정	(₩ 85,000,000)	금 (₩	원정)
임대차 계약기간	2021년 7월 16일 ~ 2023년 7월 15일			

② 제1항의 전세보증금 중 금 사백이십오만 원(₩ 4,250,000)은 "입주자"가 금 팔천칠십오만 원(₩ 80,750,000)은 "임차인"이 "임대인"에게 지불하며, 월임차료는 매월 지급기한에 "입주자"가 "임대인"에게 직접 지불하기로 하며, "입주자"가 지급기한 내에 "임대인"에게 지불하지 않아 계약이 해지되는 경우 이에 따른 위약금은 "입주자"가 부담한다.

첫 번째 물건을 매입하고 사흘 뒤인 2021년 5월 18일, 임학동 ○○-○○ 성○다세대 ○○○호를 7,400만 원에 추가 매입했다. 대지 지분 7.4평, 전용면적 11.09평으로 거주 중인 세입자(전세보증금 6,600만 원)를 매수인이 전 임대차와 동일한 조건으로 승계하기로 했다. 이 물건도 전세 임대를 놓을 필요가 없이 매매 가격 7,400만 원에서 전세보증금 6,600만 원을 뺀 800만 원에 매입했다.

취등록세 와 중개수수료를 120만 원을 포함하여 총 투자한 금액은 920만 원이다. 이 물건 역시 2021년 10월 기준 금액은 5,000만 원으로 5개월 동안 투자금의 5배가 넘게 상승했다.

여기서 독자는 의문을 가질 것이다. 임학동 첫 번째 매입 물건과 두 번째 매입 물건은 매매 가격, 전세 가격, 대지지분, 전용면적이 다른데도 갭투자 금액은 왜, 차이가 없는지? 이유는 간단하다. 초기 재개발을 한다는 소문이 돌면 짧은 시간에 매도물량이 소진

된다. 그다음부터는 부르는 값이 시세로 형성된다.

다음은 등기부등본과 전세계약서이다.

5 계약조건

제1조(전세금 및 지급방법)

① 위 표시주택에 대한 전세금은 금 66,000,000원정 금(육천육백만 원으로 하며, 아래와 같이 지급한다.
"임대인"은 "임차인"이 정하는 소정 양식에 의거, 동일자로 계약서와 동일한 인장을 날인한 임차보증금
영수증을 "임차인"에게 제출한다.

구분	금액	지급기한	비 고
계약금	금 3,300,000원	2021년 7월 5일	
잔금	금 62,700,000원	2021년 8월 20일	
임대인 계좌	■■■ 은행	예금주 안규리	

② 제1항의 전세계약금 중 중 금 3,300,000 원정(금 삼백삼십만 원은 전세임대주택 지원대상자인 "입주자"
가 지급하며, 상기 지급기한내에 임대인에게 지급하지 않아 계약이 해지되는 경우 이에 따른 위약금은 "입주자"가
부담한다.

[집합건물] 인천광역시 계양구 입학동

순위번호	등 기 목 적	접 수	등 기 원 인	권리자 및 기타사항
2	가압류	2002년7월24일 제65980호	2002년7월22일 서울지방법원남 부지원의 가압류 결정(2002카단 6150)	청구금액 금9,800,000원 채권자 대한생명보험주식회사 110111-0003204 서울 영등포구 여의도동 60
3	2번가압류등기말소	2004년3월24일 제14982호	2004년3월9일 해제	
4	압류	2011년10월26일 제52118호	2011년10월26일 압류 (세무과-20 238)	권리자 인천광역시계양구
5	4번압류등기말소	2015년6월16일 제33548호	2015년6월16일 압류해제	
6	소유권이전	2016년12월29일 제498536호	2016년11월3일 매매	소유자 김◯ ***** 인천광역시 계양구 1103호 (아파트) 거래가액 금64,000,000원
7	소유권이전	2019년8월7일 제269349호	2019년5월9일 매매	소유자 전◯ -******* 인천광역시 서구 청라에메랄드로 1504호(청 거래가액 금65,000,000원
8	소유권이전	2020년3월3일 제104110호	2020년2월23일 매매	소유자 김◯ ******* 경기도 (향동동, 401호(향동동, 거래가액 금68,000,000원
9	소유권이전	2021년5월24일 제215320호	2021년5월18일 매매	소유자 안규리 01001-******* 인천광역시 부평구 거래가액 금74,000,000원

2021년 5월 28일 세 번째와 네 번째 물건을 한꺼번에 매입했다. 둘 다 갭 500만 원으로 매입할 수 있었던 물건이었다.

세 번째 물건은 임학동 ○○-○ 물건으로, 매입금액은 9,500만 원, 임대보증금 9,000만 원이다. 대지지분 6.39평, 전용면적 13.08평으로 임학동에 첫 번째 매입한 물건보다 대지지분, 전용면적이 작으나 가격은 좀 더 비쌌다. 임학역과 더 가까운 곳에 위치하였고 건물 상태도 좋았기 때문이다.

황○맨션빌라도 갭 500, 취등록세 및 중개수수료 140만 원을 포함하여 총 투자한 금액은 640만 원이다. 이 물건 역시 전세계약 기간 종료 후 계약갱신청구권를 통해 5% 증액하여 계약 연장을 하였다. 총투자된 금액은 190만 원으로 투자금의 20배가 넘게 상승했다.

다음은 등기부등본과 전세계약서이다.

[집합건물] 인천광역시 계양구 임학동				
순위번호	등 기 목 적	접 수	등 기 원 인	권리자 및 기타사항
				101호
				부동산등기법 제177조의 6 제1항의 규정에 의하여 1999년 12월 28일 전산이기
2	소유권이전	2001년4월12일 제22726호	2001년3월11일 매매	소유자 이○○ 001020-1******* 인천 계양구 임학동 70-3 101호
5	소유권이전	2019년12월28일 제72846호	2019년1월21일 매매	소유자 오○○ 001020-1******* 경기도 고양시 일산동구 108동 거래가액 금98,000,000원
6	소유권이전	2021년6월3일 제236603호	2021년5월28일 매매	소유자 안규리 001020-1******* 인천광역시 부평구 거래가액 금95,000,000원

계약조건

제1조 (전세보증금, 월임차료 및 임대차 계약기간)

① "임대인"은 위 표시주택의 전세보증금, 월임차료 및 임대차 계약기간을 아래와 같이 정하여 "임차인"에게 임대한다.

구분	당 초		변 경		지급기한
전세보증금	금 구천만 원정 (₩)		금 구천사백만 원정 (₩)		2023년 2월 28일
전세임대대여금	금 원정 (₩)		금 원정 (₩)		2023년 2월 28일
입주자 부담금	금 원정 (₩)		금 원정 (₩)		2023년 1월 3일
월임차료	금 원정 (₩)		금 원정 (₩)		매월 일
임대차 계약기간	2023년 2월 28일 ~ 2025년 2월 27일				
계좌번호	▓▓▓▓▓▓▓	은행	우리	예금주	안규리

② 제1항의 변경된 전세보증금 중 금 이십이만 원(₩220,000)은 전세임대주택 지원대상자인 "입주자"가 지급하며, 제1항의 지급기한 내에 "임대인"에게 지급하지 않아 계약이 해지되는 경우 이에 따른 위약금은 "입주자"가 부담한다.

③ 입주자는 당월분 월임차료를 매월 정해진 지급기한에 내야 한다.

④ "임대인"은 입주자가 제1항의 월임차료를 3개월 치 이상 연체 시에는 "임차인"에게 즉시 통보하여야 한다.

⑤ 입주자가 공동거주자의 경우 상기 입주자가 지급하기로 한 금액은 연대책임으로 한다.

제2조 (월임차료의 계산)

① 월임차료는 월 단위로 산정한다. 다만, 임대기간이 월의 첫날부터 시작되지 아니하거나 월의 말일에 끝나지 않는 경우에는 그 임대기간이 시작되거나 끝나는 월의 월임차료는 일할로 산정한다.

② 입주 월의 월임차료는 입주일부터 계산한다.

제3조 (관리비와 사용료)

① 입주자는 관리비와 사용료를 "임대인" 또는 "임대인"이 지정한 관리주체에게 따로 특약으로 정하는 기한까지 내야 한다.

② "임대인"이 관리비와 사용료를 징수할 때에는 관리비와 사용료의 부과 명세서를 첨부하여 입주자에게 이를 낼 것을 통지하여야 한다.

제4조 (임대조건 변경 및 선순위권리 설정 금지 등)

① "임대인"은 "임차인"의 동의 없이 표시주택에 관하여 입주자와 전세보증금 증액·감액 및 전세보증금의 월세 전환 등 별도로 약정을 하거나 입주자에게 전세보증금 중 입주자가 부담한 금액을 "임차인" 동의 없이 지급할 수 없다.

2021년 5월 28일. 황○맨션빌라를 매입하고 귀가하던 중 지층 물건으로 갭 500만 원에 매입할 수 있는 물건이 나왔다는 연락을 받았다. 지층 물건이기는 하지만 내부가 리모델링 공사를 마쳤고, 2021년 4월 30일 입주가 완료된 물건이라고 했다.

물건을 볼 수 있는지 부동산에 확인을 부탁했다. 세입자 퇴근 시간에 맞춰서 볼 수 있다는 대답을 듣고 바로 물건지로 향했다. 내부는 리모델링을 해서 깔끔했고, 지층이지만 창이 많고 해가 잘 드는 구조였다. 빌라 내부로 들어오는 통로는 차가 진입할 수 없어서 지층이어도 가릴 것이 없었다.

그렇게 네 번째 물건으로 임학동 ○○-○○ 장○빌라 제2동(총 10개 동으로 구성) 지하층 1호. 대지지분 10.53평, 전용면적 11.10평을 임대보증금 4,500만 원을 승계하는 조건으로 매입금액 5,000만 원에 갭 500만 원으로 매입했다.

모든 물건을 재개발을 염두하고 매입하는 것은 아니었으나 노후도, 호수밀도 등 기본적인 자료조사를 했기에 투자하는 데 망설임이 없었다. 또한 갭 500만 원 투자라 투자금 대비 수익률만을 놓고 비교해도 금융권의 수신금리보다는 수익이 클 것이라 판단했다.

갭 500만 원, 취등록세 및 중개수수료 100만 원을 포함하여 총 투자한 금액은 600만 원이다. 현재 지층의 갭투자 금액은 2,000만 원에 형성돼 있다. 이 물건 역시 투자금의 3배가 넘게 상승했다.

다음은 등기부등본과 전세계약서이다.

[집합건물] 인천광역시 계양구 임학동

순위번호	등 기 목 적	접 수	등 기 원 인	권리자 및 기타사항
11	소유권이전	2011년6월20일 제30548호	2011년4월29일 협의분할에 의한 상속	소유자 임 ****** 인천광역시 계양구 임학동 2-비01
12	소유권이전	2019년5월7일 제161924호	2019년4월3일 매매	소유자 손 -****** 경기도 김포시 고촌읍 102호 [빌라) 거래가액 금45,000,000원
13	소유권이전	2019년6월13일 제212913호	2019년5월21일 매매	소유자 전 !-****** 인천광역시 서구 불) 거래가액 금45,300,000원
14	소유권이전	2021년6월3일 제238606호	2021년5월28일 매매	소유자 안규리 ****** 거래가액 금50,000,000원

부동산(다세대주택) 전세 계약서

임대인과 임차인 쌍방은 아래 표시 부동산에 관하여 다음 내용과 같이 임대차계약을 체결한다.

1. 부동산의 표시

소재지	인천광역시 계양구 임학동				
토 지	지목	대	대지권의 비율	277.8분의 34.82	면적	277.8㎡
건물	구조	철근콘크리트구조	용도	다세대주택	전용면적	36.7㎡
임대할 부분	2동 지하층 제1호			면적	36.7㎡

2. 계약할 내용

제1조 (목적) 위 부동산의 임대차에 한하여 임차인은 임차보증금을 아래와 같이 지불하기로 한다.

보증금	金 사천오백만원정 (₩2,000,000)		
계약금	金 이백삼십만원정 은 계약시에 지불하고 영수함	영수자	印
잔 금	金 사천이백칠십만원정 은 2021년 04월 30일에 지불한다.		

[이것만은 꼭!]

끝으로 독자에게 당부드리고 싶은 것이 있다.

가급적 초기 투자 물건으로 지층은 매입하지 않으셨으면 한다. 지층은 지상층과 달리 매도나 임대가 원활하지 않고 시간이 걸린다. 초보 투자자가 이런 물건을 매입하게 되면 마음고생을 하게 된다. 어느 정도 투자 경험이 있고 물건을 보는 안목이 생길 때까지는 지상층을 매입하기를 권한다.

전 국민 1인 1토지 프로젝트!

난생처음 토지 투자

이라희 지음 | 18,000원

1,000% 수익률을 달성한
토지 투자 전문가 이라희 소장의 땅테크 노하우

초저금리 시대, 땅테크가 최고의 재테크 수단으로 떠오르고 있는 지금, 전 국민이 '1인 1토지'를 가져 재테크에 성공할 수 있도록 누구나 쉽게 실천할 수 있는 실전 노하우를 담았다. 재테크를 전혀 해보지 않은 초보자도 이해할 수 있도록 개발 지역 확인하는 법을 알려주고, 초보자가 꼭 봐야 할 토지 투자 관련 사이트, 용지 지역 확인하는 법 등 실질적인 노하우를 공개한다. 나의 자금대에 맞는 토지 투자법, 3~5년 안에 3~5배 수익을 내는 법 등 쉽고 안전한 토지 투자 방법을 담아내 누구나 '1,000만 원으로 시작해 100억 부자'가 될 수 있다.

참 쉬운 아파트 투자 안내서

대한민국
마지막 투자처 도시재생

양팔석, 윤석환 지음 | 19,800원

높은 수익률과 빠른 회수가 가능한
도시재생사업에 지금 당장 투자하라!

부동산 시장은 국내외 환경의 변화에 따라 급격히 변하고 있다. 정부는 과거 수년간 뜨거웠던 부동산 시장을 잠재우기 위해 계속 규제를 강화하고 있으며, 몇 달만 지나면 또 다른 변화가 감지된다. 부동산 시장이 이렇게 뜨거운 감자이자 초미의 관심사가 되는 것은 무엇보다 돈이 되기 때문이다. 28년간 부동산 투자 현장에서 배우고 익힌 재개발, 재건축 투자 전문가 두 명이 대한민국 투자자들이 경험해보지 못한 '도시재생 연관 투자'를 알기 쉽게 설명했다. 누구나 어렵지 않게 투자할 수 있도록 도와줄 이 책은 흔한 예시 중심이 아닌 저자의 경험에서 우러난 생생한 조언, 현장감 있는 스토리가 담겨 있다. 대한민국의 마지막 투자처인 '도시재생사업'이 불황으로 고민하는 모든 투자자, 예비 투자자들에게 새로운 기회로 다가올 것이다.

난생처음 특수경매

박태행 지음 | 19,000원

**좋은 물건만 쏙쏙 골라내
일주일 만에 2배 수익을 실현하는 특수경매 따라 하기**

계약금 투자만으로도 곧바로 수익을 낼 수 있는 방법이 있다. 바로 특수물건 경매시장이다. 법정지상권, 유치권, 선순위 가압류, 가처분 등 어렵게만 생각되는 특수물건이 알고 보면 일반 경매보다 훨씬 쉽고 수익도 높다. 사례별로 꼼꼼하게 소개하는 권리 분석을 따라 하기만 하면 적은 금액의 투자만으로도 빌라 한 동, 미니 건물 한 채가 내 손에 들어온다. 1천만 원 이하부터 1억 원까지 금액대별로 투자 물건을 골라내는 법, 권리 분석을 해서 낙찰받는 법, 마지막으로 소유권자와 협상하는 법까지 스토리 형식으로 쉽고 재미있게 소개한다.

난생처음 10배 경매

임경민 지음 | 18,000원

**안전하고 확실한 '10배 경매 6단계 매직 사이클'
과장된 무용담이 아닌 100% 리얼 성공 사례 수록!**

경매가 무엇인지 개념 정리부터 경매의 6단계 사이클을 토대로 경매 물건 보는 법, 10초 만에 권리 분석하는 법 등 경매 고수가 알아야 할 기술을 알려준다. 특히 실제로 경매를 통해 수익을 올린 사례를 실투자금, 예상 수익, 등기부등본과 함께 실어서 경매가 얼마나 확실하고 안전한 수익을 올릴 수 있는지 증명했다. 경매는 결코 어렵고 위험하지 않다. 큰돈이 있어야만 할 수 있는 것도 아니다. 투자금액의 몇 배를 빠른 기간에 회수할 수 있는 훌륭한 재테크 수단이다. 경매는 부자로 태어나지 못한 사람이 부자가 되는 가장 빠르고 확실한 방법이다.